認真生活 15

別什麼都說「好」

一天只有24小時，把時間和精力留給最重要的人和事

麥可・托吉斯——著
Michael J. Tougias
龐元媛——譯

目次

作者説明

我看書通常一路看到底，往往兩、三天看完一本書。不過，我建議看這本書的你，最好每天看一、兩章，最好在早上看完，再趁著記憶猶新，實踐這本書推薦的方法與心態。這本書的規畫，是你看完前面三、四章後，就可以跳著看，挑選最符合你現在情況的幾章來看。然後，再回到先前停下的地方繼續看。你吸收了每一章的主題，日積月累，功力漸增，就有力量奪回自己的時間。

等你看到這本書的結尾，應該已經是兩個禮拜以後的事了，也許更久都有可能。你應該可以感受到生活發生了實質的改變。而且，這才只是開始而已。你越來越擅長奪回自己的時間，我希望你也能一直走在壓力更小、負擔更少、喜悅更多的道路上，永遠不回頭。

前言
打破那些枷鎖！

我們受到的教育，就是要把握當下，向一切的機會、邀約，還有要我們花時間的事情說「好」。大多數的人想都不想就說「好」。我們歷經社會的歷練，知道要有禮貌，要通融朋友，要把握升遷機會，要參加那場派對。我們說了那麼久的「好」，從來不去思考這樣做的下場。

研究顯示，我們低估了說「不」的難度。有些相關的研究會出現在接下來的內容。身兼研究人員與教授的康乃爾大學博士凡妮莎．博恩斯進行研究，由研究人員向超過一萬四千位陌生人，提出各式各樣的請求。結果陌生人答應的比例，遠高於研究人員的預期。陌生人之所以答應，並不見得是因為想做研究人員請求的事，而是因為不敢說「不」。博恩斯博士寫道：「很多人之所以答應別人的請求，連自己不想做的事情也答應去做，純粹是因為說『不』會很痛苦。」或許你也是這樣的人。

這本小書要告訴你，如何破除這種習慣，而且要帶領你重新思考在職場該有怎樣的作為，以及如何運用空閒時間。這些道理我都懂，因為我曾經是一個只會說「好」的男人。不過，經過漫長的歷練，我領悟了「**不**」的力量。我要把歷練的過程與諸位分享。我以前遭遇的困境、種種錯誤的決策，希望各位看了能有共鳴，可能也會覺得：**這些事情我也做過**。

我理解了一個「**不**」字所蘊含的力量與自由，從此將我眼中的平凡人生，翻轉為非凡人生。這本書接下來的內容，你會從中發現我如何脫離讓我生無可戀的工作，開展自己熱中的職涯，收穫的不只是內心的喜悅，還有想像不到的財富。這還只是開始而已。我一發現說「**不**」就能徹底自由，我的人生在很多方面大有斬獲，樣樣都比先前充實。我在書裡分享幾則故事，希望你看了之後能了解，你也能發揮「**不**」的力量，開展長久的幸福人生。

我敢說，這本書的很多讀者，其實沒有意識到自己有多常說「好」。但你會拿起這本書，代表你依稀覺得生活必須有所改變，真正的你才能破繭而出。誰都只有活一次。我們能控制的最重要的東西，就是時間：如何分配、分配到哪裡、分配給誰。關鍵在於按照你**真正的意願**利用時間，而不是只顧著按照別人的意思安排自己的時間。

我並不是要鼓吹大家自私。恰恰相反，懂得說「不」，反而會有更多時間幫助別人。

最後，我們最常聽見親朋好友以及我們自己說的怨言是什麼？大概是「我壓力好大」。「**不**」的力量能消除壓力，帶給你較為平靜、從容，甚至生產力更高的人生。

現在，就請跟我一起踏上這段旅程，學會在「好」這個翻騰的怒海航行，以「**不**」開啟平靜無波的航程。

我們為何說「好」（說「不」又為何這麼難）

我怕我說「不」，會傷了他的心……我不想失禮。我們從小就被社會洗腦，要「迎合」別人。

有位朋友打電話給你，提出一個美妙到不行的邀約。有支職業球隊的比賽即將開打。這位朋友知道你喜歡這支球隊，他有兩張球賽的免費門票，而且座位很好，想邀請你一同觀賞。以我的例子來說，這通電話是朋友邀請我欣賞新英格蘭愛國者美式足球隊一場重要的主場比賽，賽場距離我家才半小時的車程。這位朋友，我就叫他鮑伯好了，是我最近才認識的。每次碰面，我們相處都很愉快。

大多數的美式足球迷，遇到這樣的機會都會歡喜雀躍，大喊：「哇，謝謝你！」但這**不是**我當時的感覺。我並不是很想去，但也不想讓這位好友失望，所以我支吾了一會兒，說了些類似這樣的話：「謝謝你的好意。我先問問看我女朋友那天有沒有空，再答覆你。」

你也許會覺得，這是懦夫的行徑，也許是這樣沒錯。但我需要一點時間，思考一下我為何沒那麼想去。不到兩分鐘，答案就浮現。季後賽會在十二月舉行，我去現場看過一場球賽，覺得看電視也一樣精采。何況去一趟得花上幾小時，又是通車，又是排隊什麼的。

但我不想去看比賽的最大原因，是我很想把握寧靜的週日好好寫作。簡言之，寫作，以及朝著個人目標努力的成就感，對我來說比新英格蘭愛國者隊重要。

那我為何不跟這位朋友說清楚呢？我怕他會難受。畢竟人家特意邀請，又如此大方。我不想失禮。

要是在多年前接到這樣的邀約，我就會忽視我不想去的感受，答應前往。我一定會看得很高興，有這位朋友相陪也會很開心，但我在前往球場的路上，卡在車陣當中，內心深處大概會響起一個聲音：**我幹嘛要答應？我本可以在家寫作，在電視上看比賽的最後四分之一就好了。**

於是我打給這位朋友，對他說：「我看這次就算了。球賽現場那麼多人鬧哄哄的，我實在不喜歡，再說了，天氣太冷我也難受。我還有個東西得寫完。真的謝謝你想到我。過兩天我們約在我家看另一場球賽吧。」

我刻意告訴鮑伯，我不喜歡去人太多鬧哄哄的地方，免得改天他又約我去看球賽，我又得為難一次。（我們一旦說「不」，總是會有點內疚，下一次接到邀約，自己就會覺得應該要答應。）我在最後也特意提到，我還是願意跟他一起看電視上的球賽。如此一來，他就知道我拒絕並不是因為友誼生變，純粹是因為我喜歡看電視上的美式足球賽。（而且寫作的人並不是朝九晚五按表操課。）

這位朋友心裡是否難受？我覺得不會。他展現真正的朋友該有的風度，完全尊重我的決定。不是每個人都有這種風度，但若是因為這樣就不高興，那還能算是朋友嗎？

我給鮑伯的答覆，並不是區區幾分鐘構想出來的，而是多年來從自動說「好」，轉型為「我先想想」的成果。

請注意，我並沒有立刻把心中的想法告訴鮑伯，而是說我會再答覆他。我之所以提到這個例子，是想告訴大家，我說「不」說了這麼多年，到現在有時候還是覺得困難。我雖然偶爾會找個藉口，而不是說出拒絕的真正理由，但我並不會責怪自己。畢竟我在整個童年時期根深柢固的教訓，就是要有禮貌，要以他人的感受為優先。在我二、三十歲的時候，社會規範以及同儕壓力，更是強化了這種觀念。我一直到三十五歲左右遇到一件事，才開始主動戒除說「好」的習慣。（在後面的章節，我會詳加解釋這件事為何解放了我。）

我發現說「不」並不是沒禮貌，而是一種**對於自己時間的規畫**更為深思熟慮的表現。時間是我們擁有的最重要的東西，我們卻不經思考就把時間花在別人身上。看完這本書，你會發現拿回時間的主導權是做得到的，而且絕對不是自私自利、沒有禮貌的表現。

我的朋友鮑伯打電話來，若是對我說：「一起去看新英格蘭愛國者隊的比賽好不好？我老婆跟我在談離婚，我非得出門透透氣不可。」那我的答覆就會是：「沒問題。」因為我知道，他**需要**有人陪伴。

可是萬一鮑伯一直打電話來，要我每週末都一起看球怎麼辦？那我的答覆又會不同。我會明白，我們已經連續聚首三、四次，討論過他的婚姻狀況，但他需要的顯然超出我能給的。那我就會跟他說：「我有事要忙，」再加上一句：「要解決婚姻問題，還是找治療師比較有用。」

在某些情況，你已經盡力，繼續說「好」、繼續把時間貢獻給別人，不但無效，還會耗盡自己的心力，這時你就會知道何時該說「不」（委婉地說）。許多讀者看到這裡，想必會翻白眼，心想：**你說得容易。你又不知道我的處境，你也不知道有多少人倚重我。我哪有辦法說「不」。**

說「不」為何這麼難?別人要占用我們的時間,我們為何屢屢答應?因為我們拒絕別人的請求,心裡會不自在。我們不願承受說「不」之後極其短暫的不自在,所以就說「好」,然後再責怪自己。這種行為完全正常,因為我們從小就被社會洗腦,要「迎合別人」。我們想幫別人的忙。想跟別人有交情。不想傷別人的心。有些人會想要一種有人需要自己的感覺,所以盲目答應別人所有的請求。但一直這樣下去,很快就會變成照別人的意思、而不是照自己的意思生活。你完成了別人的目標,自己的目標卻沒完成。

我媽是地表上最客氣的人,我長期耳濡目染,顯然也感染了這個很難拒絕別人的毛病。至於你的經驗,也許是養育你的人「喜歡迎合別人」,或是為人太善良,想幫助每一個人。無論你是什麼原因不想說不,要知道這絕對不是你一個人的毛病。而且,千萬不要因為聽了別人瞎說,就誤以為從老是說「好」,改為說「我考慮一下」,是一件很簡單的事。這是個重大的轉變,我覺得我做到了,但現在的我還是會犯錯!

最近我經人介紹，認識了一位剛從別州搬到我家附近的新鄰居，他跟我一樣喜愛釣魚。有次他打電話邀我去釣魚，我超愛釣魚，所以不必掙扎就說「好」。但他說，他到某一處海灘探過路，感覺一大早去那裡能釣到條紋鱸。我聽見這話，就知道我錯了。他懷抱滿腔的熱誠，興匆匆向我細細描述那處海灘。我其實很熟悉那個地方，多年來在那裡釣魚的成績始終慘澹。但我想表現得隨和一點，所以就說沒問題，雖然我這兩天才去過附近的另一處海灘，那裡早上都有滿滿的魚。

想必你已經知道故事的結局。我應該對他說，他推薦的海灘不理想，告訴他哪一個比較好。結果我們跑去他推薦的海灘，什麼也沒釣到。另一位朋友則是告訴我，「我的」海灘還有魚。

想想看，我為了不失禮，明明自己知道一個理想得多的釣魚地點，卻讓一個完全不熟悉這一帶的人，選擇一個不合適的地點。

說「不」真的超難。但接下來我要分享幾個訣竅，讓你更容易說「不」，還要介紹各種委婉說「不」的方式。等到你練就善用時間的本事，說「不」就一點都不難。但我們每個人都要開始學習。

試試看：

- 接下來的兩週，只要有人想占用你的時間，就要有所警覺。如果你的直覺要你說「不」，而你卻說「好」，就要特別注意。在這段期間，你在某些狀況可能不願意說「不」，但要知道，只要運用這本書教你的訣竅，自己再下定決心，你的精力該用在哪裡，很快就會由**你**作主，而不是由別人作主。
- 跟我唸一遍：「我不要為了完成別人的目標，卻沒完成我自己的。」把這句話打字列印出來，貼在你每天早上會看見的地方。
- 要養成習慣，決策的時候要考慮這個重點：我對於別人請我做的這件事情，是否感到一點點興奮？如果答案是「否」，那就是你可能應該說「不」的第一個跡象。

寫下這一章對你最有幫助、你也願意每天實踐（或是經常實踐）的一項心得。

不管幾歲，都要向團體壓力說「不」！

他們全面進逼。但六十五歲的我，大約用了三十五年練就現在的本事，不隨著別人的意圖，改變自己的回應。

我們想到「同儕壓力」，通常會聯想到年輕人屈服於同齡人的脅迫。其實任何年齡的人，都有可能感受到同儕壓力。我的目的是要告訴大家，若是認為自己的想法沒問題，該如何堅持立場。

以下是我最近遇到的一個狀況，希望你看了之後，即使抱持異議的只有你一人，你也能堅持立場。那次有人聘請我為企業舉辦的遠足活動發表演說，主辦人和我說好在戶外舉行。這場演說在新冠疫情期間登場，雖然政府允許人數少的團體可在室內聚集，但我不想冒險。主辦單位原本希望我在室內演說，但我拒絕，說我只願意參加能保持適當社交距離的戶外活動。他們決定配合我，在餐廳後方搭起一個露天帳棚，作為活動場地。

當天我抵達會場，主辦人在帳棚旁與我打招呼，說計畫有變。活動將改在室內舉行，因為管理高層覺得戶外太冷，他們受不了，他們邀請的貴賓也受不了。而且，這些貴賓都是公司最重要的客戶。主辦人說這些話，並沒有要跟我商量的意思，而是已經決定。她說，大家已經在多功能廳集合了。

我覺得很尷尬，還說了幾句讓氣氛更尷尬的話。我說：「那你們就自己玩好了。當初我們說好了，我會在戶外演講。我在電話上解釋過的，我不想染疫，所以不參加室內活動。」

這位主辦人是這家企業的高級副總裁，此時她一臉震驚望著我。很少有人對她說「不」，所以她很意外。她好不容易回過神來，對我說：「我們還是先進去吧，您看了就會知道很安全的。」

我說：「不用了，謝謝。」我請她別介意。他們只要負擔我的車馬費就好，不必支付演講費。我說完這些就說了再見。

她又是一臉震驚，但很快恢復平靜。「好。那您在這裡稍候一下好不好？我去跟總裁說一聲。」我答應了。五分鐘後，總裁與兩位高級經理出現，說道：「我們了解您的顧慮，但能不能請您至少進到會場裡面，看看整個環境。我相信您看了就會放心，不會有任何顧慮。」

他們這是全面進逼。我的反應連自己都覺得意外。我不但不緊張，還很平靜。我對自己的決定有信心，覺得拒絕這群人是很正常的事。無論他們說什麼，都不會改變心意。我向來把自己的健康放在第一位，現在也不會改變。之所以如此自在，也許是因為我相信「不」的力量，哪怕孤軍奮戰也一樣。而且六十五歲的我，大約用了三十五年練就現在的本事，不隨著別人的意圖，改變自己的回應。

這家企業往後還會找我合作嗎？大概不會。但我那天離去的時候，確實感到平靜與滿足。可想而知，我要是因為他們施壓就屈服，做出違反我核心價值的事，心裡會有多難受。你若跟隨內心的指引，而不是別人的指引，那無論金錢、權力，還是團體壓力，都無法逼迫你說「好」。

試試看：

- 時間是我們所擁有最重要的東西，但我們常常不經思考就把時間花在別人身上。從今天開始要下定決心，往後都要好好思考如何利用時間。這本書還會告訴你各種在當下說「不」的方式，但目前先做到這一點：但凡有人要占用你的時間，而你不想配合，就說：「我再答覆你。」你要是覺得打電話拒絕此人會太過尷尬，就用電子郵件或簡訊聯繫，只要說：「抱歉，沒辦法。」就好。如果想說明理由，就說：「我有別的事情」或是：「我這陣子真的忙不過來。」
- 要對自己承諾，不會因為別人施壓，就做出違反你內心信念的事。如果覺得可能危及自己的健康，就千萬不能讓步。

「不」與你

你為什麼遇到任何事情幾乎都說「好」？

- 說「不」會很不自在
- 唯恐錯過
- 潛意識的衝動
- 想暫時脫離困難的工作
- 想累積人情，所以做個「好好先生」
- 與非常焦慮的父母、配偶、手足相處，多年累積的經驗使然
- 唯恐拒絕會傷了對方的心
- 覺得**人家需要我，只有我才能把事情做好**

這些只是你總是說「好」的一部分原因。要解決總是說「好」的問題，並學會說「不」，首先必須知道你說「好」的原因。

寫下這一章對你最有幫助、你也願意每天實踐（或是經常實踐）的一項心得。

我發現說「不」的好處的那一天

專注在重要的工作，或是追求你的特殊目標

如果你想把空閒時間用於追求某一個目標、完成某一項任務，那麼說「不」就容易多了。問你自己，要是有更多空閒時間，會想用來做什麼？

我在三十出頭的年紀，就知道自己想踏上寫作的道路。但當時的我有孩子、房貸，又在保險業有一份安穩的工作，貿然辭職去寫作，收入恐怕會不保。我在

保險公司擔任經理，工作時間很長，週末大部分的時間都與家人度過。那我開始寫作之後，究竟要如何兼顧父親、丈夫、經理的身分？答案是除了正職以及家庭之外，我幾乎必須對其他的一切說「不」。要做到這一點並不容易，但我覺得犧牲是值得的。

我寫過一些報章雜誌的文章，很清楚寫書要投入多少時間。我估計至少要「兼職」一年，才能完成我想寫的書的前幾章。除了要披星戴月兼職，等孩子上床睡覺之後，再強忍著瞌睡努力寫作，我還需要挪出其他時間。我暗自下定決心，接下來的一年，我要向陪伴妻子、孩子、保險業務，以及運動所花的時間說「好」，對於其他事情則是多半說「不」，看看我這一年做的研究，寫的內容，夠不夠讓我簽到新書合約。於是我開始對晚飯飯局說「不」，至於派對邀約，除非我太太真的想去，否則也是一律婉拒。週末也不再與哥兒們一起去釣魚、打高爾夫，報紙、電視那些的也都列入拒絕往來戶。

我的選擇當然不見得適合每個人，如果你也打算追夢，那確實需要另一半體諒。但如果你有追夢的機會，就只缺追夢的時間，建議你挪出一段時間，試試像我這樣的實驗。

我這一路上，在一些意想不到的場合把握零碎時間寫作。例如在前往波士頓的火車上，本來在閱讀的我暫時停下，開始寫我的作品草稿。在午休時間，我離開平常一起吃飯的那群人（他們多半是在發工作上的牢騷，不然就是在聊體壇的事情），跑到波士頓公共圖書館尋找研究資料。這裡把握幾分鐘，那裡把握幾分鐘，就越來越有進展。有時候我的工作和家庭生活占據了大半的時間，但我還是要求自己多少要推動一點「進度」，再少都沒有關係。

我從來不覺得我是個愛看電視的人，不過我在孩子們就寢之後，通常會看一個小時的電視。一天若能省下一小時的電視時間，一整年下來又是一大段時間。我也向酒精說不。在我展開這場寫作實驗之前，原本習慣在每天晚上七點左右來兩杯酒，是犒賞自己度過商業界又一天的廝殺。但我很快就發現，一天兩杯酒會導致專注力下降，幾乎不可能寫出簡明扼要，說理清晰的文字。所以我一伸手拿酒瓶，就告訴自己：**「不行，等到你把剛出版的新書拿在手上，這才是你的獎勵。」**

我並不想一輩子都一心一意專注一個目標，但我發現犧牲終究是值得的。我當然也懷念那些樂趣、休閒、放鬆的機會，但我終究拿到了新書合約。拿到合約的那一天，我領悟到說「不」的力量究竟有多大。那份合約為我開啟了從前只能夢想的職業生涯，我也就此開拓其他曾經覺得不可行的道路。

如果你想把空閒時間用於追求某一個目標、完成某一項任務，那麼說「不」就容易多了。問你自己：**要是有更多空閒時間，會想用來做什麼，或是改變什麼？**你可能會列出三、四項目標，先選出一個試試看。發揮說「不」的力量，就能爭取所需的時間。你答應別人的請求，或參與社交活動之前，務必先思考最重要的問題：「做這件事能讓我快樂嗎？」如果答案是不能，就別做這件事，把時間用於追求你認為無比重要的目標。這麼做並不容易，但也許能收穫長久的快樂。

你會發現，你每次向與重要目標無關的事情說「好」，用於追求重要目標的時間就會減少。我們每個人每天擁有的時間同樣有限，你可以向幾項日常習慣說「不」。對這些事情說「不」，就等於對你的重要目標說一個大大的「好」。你對不感興趣的眾多請求與邀約說「不」，就等於向你心目中最重要的許多事情說「好」。

開創一個特別的「不的空間」，也有助於完成你的目標。你想學彈吉他、分析股票、研究新職業，或是畫出一幅經典之作，都需要大段不受打擾的時間。在「不的空間」，簡訊、電話、電子郵件一律禁止。這段時間屬於你，所以要好好把握，排除一切干擾，一心一意大步邁向你的目標。在「不的空間」度過的寧靜時間，你所有的思考與努力，全都用於追求你的特別目標，你也會對其他無關的事情說「不」。

重點是要有個目標。與這個目標無關的一切，都只是雜訊。有了「不的空間」或是「不的兩小時」，就能將雜訊隔絕在外。更理想的狀態是，這些雜訊接觸不到你。剛開始的時候，你可能覺得「**我錯過了一些東西**」，但你開始追求目標，有了進度，錯過的感覺就會消失，被具體進展所帶來的成就感取代。你向每個邀約、每個干擾說「好」，就會虛擲光陰，錯過人生中真正重要的事情。

在《最後十四堂星期二的課》一書，肌肉萎縮性脊髓側索硬化症慢慢蠶食莫瑞的精力與生命力。但莫瑞對自己的人生並沒有遺憾。他的祕訣之一，是他說過很簡單的一句話。他說，太多人「追逐不該追逐的東西……你應該把時間用於追求目標與意義。」

試試看：

・找出你人生中要改善的一、兩個地方。除了經營你的家庭、目前的工作（如果有的話），還有健康，盡量向其他的一切說「不」，就能騰出達成目標的時間。要知道，要追逐遠大的目標，必須有所犧牲，但還是要專注在目標上，主宰自己的時間分配。精采的成果也許就在不遠處！

• 如果你一直想完成某個艱難的目標或是重要的計畫，但一直找不到時間開始，有一個簡單的方法可以挪出時間。你在答應他人的請求之前，先問自己：**做這件事能讓我，或是我愛的人快樂嗎？**你會發現很多事情不符合這項條件。你會更能說「不」，因為你想把省下來的時間，用於追求你的目標。

「不」與你

你在生活中是不是太常說「好」啦？

- 你是否因為事情排得太滿而備受壓力？
- 你最親近的親朋好友，是否說過他／她感覺被你忽略了？
- 你的睡眠時間以及「自己」的時間足夠嗎？
- 你能否盡情享受最喜歡的娛樂，不必擔心花太多時間？
- 你是否常常無法完成工作，或是在最後關頭找人幫忙？
- 你是否有多年來一直想做、卻始終沒時間做的重要的事？

寫下這一章對你最有幫助、你也願意每天實踐（或是經常實踐）的一項心得。

什麼時候該說「好」（也向長久的問題說「不」）

我們的親朋好友之所以說「不」，往往是因為不願意改變，哪怕改變對他們有好處也一樣。

這本書提到很多說「不」的例子，都是別人要你做你不想做的事。但如果擺在你面前的是思想、建議，以及面對挑戰的新方式，貿然說「不」恐怕會將機會拒於門外。你大概曾經聽見親朋好友傾訴煩惱，你在乎他們，所以給一些建議，提供另一種觀點。你說著你的想法，這位陷入煩惱的親朋好友卻打斷你的話，說：「不行，我沒辦法。」但你的建議都還沒說完啊！

我們的親朋好友之所以說「不」，往往是因為不願意改變，哪怕改變對他們有好處也一樣。他們關上心門，不接納你的建議。感覺他們好像根本不想解決一開始跟你說的問題。

我們最起碼應該要樂於接受別人分享的有用建議。他人提供的建議、新觀念、不同的觀點，我們都應該認真思考。有些建議不必理會，但如果是有價值的建議，就至少該考慮考慮。有些人永遠不解決問題，因為解決的辦法超出他們的舒適圈。千萬不要成為這種人。有些人喜歡沉溺在自己的不幸，同樣的問題一講再講，卻不肯踏出解決問題的第一步。對他們來說，馬上說「不」是一種本能反應，代表他們不願意以實際行動改善自己的人生。

也許你也有這個毛病？如果真是這樣，那你要換一種想法：要向一直沒解決的問題說「不」，向可能奏效的解決方案說「好」。無論多麼不自在，都要下定決心。要記住，你要將潛能發揮到極致，要成就真正的你，要自由。若你發現一個存在已久的問題，卻始終不肯解決，那就不可能做到這一點。要徹底解決問題，就要全然坦誠面對自己，問自己：「我是不是只顧著埋怨，沒有好好思考別人給我的好建議？」如果答案是「是」，那你等於是對問題說「好」，卻對可能有效的解決方案說「不」！

試試看：

- 想想看，你的個人生活中是否有一、兩個存在已久的問題，只有你能解決。想要真正的自由，就必須主動向長期困擾你的問題說「不」，也要願意嘗試各種解決方案。最終的解決方案也許會讓你一時痛苦，但長遠來看，卻能開創你意想不到的機會。
- 如果你的親朋好友總是針對同一個問題發牢騷，那你下次跟他們說話，就要以委婉的方式說「不」。你可以說：「我們先不要一直談這個問題，先試試我建議的解決方案。」
- 要勇於迎向新的經驗。我寧願向我已經做過、而且並不樂在其中的事情說

「不」，就能把握新機會，或是嘗試從未嘗試過的事情。

• 很多人回顧過往，感到遺憾的多半是**沒有嘗試**新的事物。許多研究也證實這一點，例如康乃爾大學的湯瑪斯．吉洛維奇就發現，人們最大的遺憾之一，是沒有勇於把握重要的機會。布朗妮．威爾的研究，以及她的著作《和自己說好，生命裡只留下不後悔的選擇》也很有意思。她列出的前兩大遺憾，正好呼應本書要表達的重點：不要屈從別人的壓力，以及懂得在工作上設下界線。第一名的遺憾，是缺乏「忠於自己的原則，而不是順從別人期待的勇氣」。第二名的遺憾，是「早知道就不要這麼努力工作」。我寫這本書的目的，是要告訴大家避免這兩種遺憾，了解何時該說「不」，才能保留時間與空間，經營那些重要的「好」！

寫下這一章對你最有幫助、你也願意每天實踐（或是經常實踐）的一項心得。

女性與「不」

女性若是承擔太多對職涯發展無益的工作，就不會有時間經營能提升自己的考績、推升自己的職涯的工作。

設下界線對女性來說格外重要，因為很多研究都證實，女性往往在他人要求之下，承擔了其實不應承擔的工作。卡內基美隆大學教授琳達·巴布科克博士與同仁莉絲·維斯特隆德、蘿莉·魏因加特，以及瑪莉亞·雷卡爾德合作，探討女性在職場面臨的挑戰。精采的研究成果發表於《男性和女性承擔低晉升力任務的差異》一書。研究團隊探討「每個人都想推給別人去做的工作（寫報告、擔任委員會委員等等）的分配情況」，分析女性自願或被自願承擔這些工作的比例，是否高於男性。這個問題的答案特別重要，因為女性若是承擔太多對職涯發展無益的工作，就不會有時間經營能提升自己的考績、推升自己的職涯的工作。

職場女性看了研究結果，想必不會感到驚訝。女性被要求承擔「低晉升力」工作的比例高於男性，因為大家認為女性會願意承擔。接下來要說的這個結論很重要：女性確實會挺身而出，自願承擔這些工作。這項研究並未探討為何女性自願承擔的比例高於男性，但原因可能是女性比較不願意拒絕，或是隱約感受到他人的壓力與期待，所以不得不接受。

公司希望有人自願承擔的工作，若是與職涯發展無關，女性千萬不要因為沒人承擔，就同意接手。換句話說，女性應該向很多男性學習，要保持沉默。在公司招募自願者的時候保持沉默，就等於說「不」。女性即使要自願承擔工作，也該審慎挑選，畢竟每天該盡的責任一樣也不會少。應該只接受在公司內部價值較高、曝光較多的美差事。

公司要是一再將這些低晉升力的工作**分配**給女性，而不是徵求自願者，那該怎麼辦？在這種情況，公司的女性必須團結，告訴管理階層必須改變。要將不平等的問題以書面記錄下來，一一指出，管理階層就會明白嚴重性，進而打造公平賽場。管理階層可能根本沒察覺，但他們確實通常把較為乏味的工作交給女性。之所以將乏味的工作交給女性，也許純粹是因為他們看見女性比較願意接手，就誤以為女性比較適合或比較想做這些工作。女性讓管理階層意識到這個問題，公司可能就會改為讓所有員工輪流做這些工作，而不是逕自指派，或是徵求自願者。

不僅在職場，很多家庭也將許多該做的事交給女性負責。太多女性白天在職場為雇主賣命，回到家還要承擔過多的家事（煮飯、打掃等等），還得照顧孩子（餵孩子吃飯、帶孩子做功課、幫孩子洗澡等等）。要消滅這種不平等，只有一種辦法：勇敢說「不」。簡單講，夫妻必須議定一種合理的時間分配法，定出每週工作與休閒的總時數。女性越是不主動要求公平分配時間，家事分配的模式就越難以改變。妳的要求若是遭到另一半忽視，就該尋求婚姻諮商，由獨立諮商師仲裁。如果妳真的希望另一半能重視妳，只需要對妳額外做的一、兩件事情說「不」，例如採購雜貨、做晚飯、洗碗等等。那妳的另一半就會有所回應了！

試試看：

- 第一步是了解別人要求妳做的，或是妳自願承擔的工作，是否超出妳該承擔的範圍。如果確實如此，就該找提出要求的人談談，建議應該由大家輪流做這些工作才公平。倘若是妳自願承擔，那就要把精力節省下來，只投入「高晉升力」工作，或是妳真心喜歡的工作。
- 如果妳是職業婦女，又承擔大半的家事與育兒責任，妳要求公平分配的呼聲，另一半可能會充耳不聞。妳要宣布，如果情況始終沒有改善，妳就要罷工，不洗衣服、不做晚餐什麼的，妳的另一半就會發現事態嚴重。大多數的另一半都很識趣，會在妳開始罷工之前主動分擔家務。

寫下這一章對你最有幫助、你也願意每天實踐（或是經常實踐）的一項心得。

衝動

我常常一個衝動就答應別人的請求，我發現，匡正這種衝動最簡單的方法，是發明一種制式回答。

這種情況總是發生，我們很快答應別人的請求，答應要購買，或是接受別人提出的條件，後來又後悔。研究過人們有多麼不願意說「不」的凡妮莎・博恩斯博士，有個妙招要跟大家分享。她說，祕訣並不是像背書一樣常常說「不」，而是「經過深思熟慮後再答應，而不是因為當下覺得受到壓力而答應」。做每個決策都要謹慎，所以，最好能爭取一些考慮的時間。我若一時不能說出拒絕的理由，也不想當面拒絕，就常用這種方法。我的標準說詞是「我再答覆你」或是「我先看看我的行程」。博恩斯博士推薦另一種辦法：「請對方把需求用電子郵件寄給你，你就能擁有一些心理空間，細細思量再回覆。」

不妨針對你常常收到、但每次都很難直接拒絕的請求，設計一套拒絕的說詞。我經常遇到的兩種情況，是有人邀我喝咖啡，討論他們希望我寫的書，或是想請教我如何才能出版一本書。要是在以前，我當下衝動的反應是客客氣氣地、並想配合對方。但我很快就發現，這樣做很浪費時間，感覺像是困在黑洞。我刻意看錶，對方也照樣滔滔不絕，沒領悟我的暗示。

我常常一個衝動就答應別人的請求，我發現匡正這種衝動最簡單的方法，是發明出一種制式回答。有人邀我寫書，我的標準台詞是：「不用了，謝謝您，我目前正在寫幾本書，已經夠忙碌了。」或者是：「麻煩把您的構想濃縮成兩個段落，用電子郵件寄給我。」我發現我收到比較有意思的構想當中，每五十個會有一個值得考慮（我喜歡的是倖存者的故事）。我沒讓他們口頭上把故事講給我聽，而是一律請他們寄故事摘要給我。至於有人問我如何才能出版一本書，我請他們參考一本專門探討這個話題的書。我以委婉的方式說「不」，說我自己就是藉由閱讀，才知道該怎麼寫作適合出版的作品。

我要是跟每個向我尋求建議的人，都「花點時間喝杯咖啡」，自己就沒多少時間寫作。更糟的是，我若真的赴約，花費的時間往往會遠遠超出預期。我本來覺得自己在幫助別人，後來卻變成埋怨自己的時間耗費在別人身上。

有時候，雖然你是一片好意，但你可能會因為一時心軟，或是想幫助別人，而答應別人的請求，沒有仔細思考你想幫助他人的衝動。等到約定的日子越來越接近，你感到害怕、壓力很大。其實你還有出路。我們都可以改變心意。你可以說，突然又冒出別的事情需要你處理，或者是這個構想或工作讓你不太自在，歉難協助。這並不是最理想的退出方式，但經過這一次，往後你就會記得，不要再答應你並不是真心想做的事。你在答應之前，會先思考幫忙的後果。要記得，向某些人、還有某些讓你不自在的事情說「不」，省下來的時間就能用於幫助你最親近的人。

我們先前說過，電子郵件是個追求自由的好幫手，但我們畢竟有根深柢固的衝動，所以電子郵件也有可能引發問題。電子郵件的內容，比口語交談更容易被誤解，所以你讀完電子郵件後，若是覺得對方失禮、古怪，記得先克制立即回應的衝動，等一下再回應。我曾經收到一封電子郵件，看完感覺對方很高傲，一個衝動就立刻回擊，就此掀起一場難堪的電子郵件筆戰。從此我領悟了這個道理。幾年後我收到一封算是人身攻擊的電子郵件。我沒讓衝動主宰我的理智（沒用鍵盤上演路怒），而是等到隔天再回應。睡了一晚醒來，再看看那封信，感覺沒那麼嚴重。我的回應也很低調克制。這次沒有打電子郵件筆戰。最近我收到負面的電子郵件，最好的辦法是什麼也不做。你完全不需要踏入別人的圈套，完全不需要回應。

試試看：

- 面對經常出現的求助，要克制自動答應的衝動，預先設計一種能為自己爭取時間，或是委婉拒絕的回應。如果可以把責任交給「求助者」，請他們以電子郵件提出請求或構想，何必要讓想幫助別人的衝動，吞噬掉自己的空閒時間？你還可以透過電子郵件從容回應。
- 覺得受到批評或攻擊，要克制破口大罵的衝動。等到你冷靜下來，應該就能克制自己的衝動，不會做出過於負面的回應。不要陷入爭執的難纏漩渦。要以克制的方式回應，有時候即使被激怒，也要先讓負面情緒消散，不要當下回應。

了解你自己的衝動

・你是不是常有幫助別人的衝動？如果是，要停下來思考時間安排。

・你在回答他人的邀約或請求之前，會不會先聽聽自己心裡的聲音？最好花點時間，聽聽自己內心的想法。

・問自己，答應他人的請求，是否會帶給自己更大的壓力。

・你會不會有時候一下子就發脾氣，或是受到攻擊就立刻回擊？下一次，試試看完全不回應，至少等到隔天再說。

寫下這一章對你最有幫助、你也願意每天實踐（或是經常實踐）的一項心得。

很容易說「不」的事情：省下更多時間給自己

我減少這些「浪費時間的事情」，就有更多機會去騎單車、散步、做園藝、閱讀、做晚餐給朋友享用、小睡片刻等等。想想多出來的時間可以做多少事。

可以把這一章當成勉勵的話語。大多數人都發現，我們在生活中想要完成太多事。在這個時代，改變的速度是前所未有地快，我們的選擇越來越多，想做太多事會增加自己的壓力。我們要忙的事情實在太多。我們心裡清楚，「不」的力量能帶來自由，但要怎麼開始呢？

我要跟大家分享幾個我覺得有用的「不」。其中一、兩個，你看了可能會覺得很容易做到，能幫助你控制自己的時間。我做出下列改變，目標是創造更多機會，完成我所重視的愛好與工作。我尤其希望能完全掌握週末的時間。我希望每個週末，都是家人和我能充電的神聖時間。

- **講電話**。有些人講個沒完，一小時的時間就在不知不覺中流逝。這種人也聽不懂你想結束通話的暗示，所以我學會直接說：「我得去忙了。」有時候對方還會講個沒完，這時我會打斷他的話，說該說再見了。我真的認為這樣可以「訓練」那些人稍微縮短與我的通話時間。而且要記住，電話響不代表就一定要接。如果你正在做重要的工作，或是在享受愉快的娛樂時光或寧靜時光，就不必理會來電，等到你方便，而不是對方方便的時候再處理。

- **電視**。一般美國人平均每週看電視的時間，竟然高達二十八小時。現在正在看書的你，應該不會花這麼多時間看電視。但我敢說，你要是把看電視的時間記錄下來，會發現你看電視的時間比你以為的還長。我盡量縮短看電視的方法，是問自己：**這種被動的活動，能不能讓我開心？能不能讓我的人生更上層樓？**我知道，只有少數幾個節目能讓我開心，所以我決定只看這幾個節目。電視也有錄影的功能，你可以先把節目錄下來，以後再看，非常實用。就好比你可以不接電話，你也可以等到合適的時間再看節目，而不是依據電視節目的分級制度收看。最棒的是，廣告以及片頭字幕，都可以快轉跳過。（如果你「追劇」，一口氣連看很多集，那就要問你自己，你所得到的，是否值得你花那麼多時間。）

- **社群媒體**。簡單說，你是希望擁有自己的冒險與成就，還是希望看別人的冒險與成就的貼文？你真的需要看見別人參加家庭聚會，或是別人晚餐餐盤上的美食？與他人互動是很好，但還是要控制你花在社群媒體的時間。要知道很多平台，尤其是 YouTube 的設計，就是要吸引你駐足停留。YouTube 邪惡得很，會依據你過往點選過的影片，引導你一個接一個看下去。

• **購物與雜亂**。購物會耗掉不少時間，所以需要購物的時候再去，而且一定要先擬好購物清單。有了這份購物清單，無論是去雜貨店、百貨公司，還是線上商店，你都不會閒逛，看你不需要的商品。購物容易引發雜亂：要養成習慣，先清理至少一個雜亂的櫃子或房間，再買新東西。想知道如何減少雜亂，建議你看看《怦然心動的人生整理魔法》一書。我有時也會與雜亂的問題搏鬥。我發現把東西整理得有條不紊（尤其是在我的辦公室），我就能更快找到我要的東西。

• **新聞**。無論你是用何種方式吸收新聞，都要知道很多新聞表面上是新聞，其實內容不是猜測就是意見。而且，如果你的新聞來源是電視，那你大概已經注意到，能在電視上播出的新聞，與其說是重要世界大事，或是會影響你生活的大事，不如說是夠聳動的影片。我發現，快速閱讀優質客觀的網路報紙，就能在短時間內吸收時事。（我也不願意閱讀，或在電視上收看暴力犯罪的長篇新聞。我不想花時間了解犯罪者幹的好事。我怎麼會想浪費生命中的一秒鐘，細細了解一個心理有問題的人的人生與罪行？）

- **爭論**。你上次爭論成功是什麼時候？一個人不太可能透過爭執，說服另一人改變想法。與深愛的人討論問題的各種解決方案，是件值得做的好事。但「討論」若是變質成了爭論，就要趕快喊停。你要的是集思廣益，不是互相斥責。
- **聚會**。聚會各有不同，所以要選擇你有空、而且感覺很有意思的參加，婉拒其他的邀約。要記得，有些聚會，尤其是在假日期間的聚會，可能會壓力很大，樂趣很少。不見得一定要參加。你在答應赴約之前，應該先想想下列問題：
  - ◆交通所花的時間與塞車，是否讓你卻步？
  - ◆這次聚會是跟一群有意思的人共度快樂時光，還是你懷疑會由一個人主導？
  - ◆準備工作是否會讓你倍感壓力？是否需要買禮物、穿新服，做菜什麼的？

如果你不得不參加你不想參加的聚會，要記得，你還是可以向某些部分說

「不」：向飲食過量說不，向飲酒過量說不，向停留超過一、兩個小時說不。

我減少這些「浪費時間的事情」，就有更多機會去騎單車、散步、做園藝、閱讀、做晚餐給朋友享用、小睡片刻等等。想想多出來的時間可以做多少事。我們最喜歡做的事，很多都是很簡單的，完全不必花錢，但能帶給你的心靈平靜，堪比接受治療師的治療。你嘗試一種活動，或是著手進行全新的工作，說不定會感覺很有收穫，完全不想回到從前那種習慣事事說「好」、很少把時間留給自己的日子。

想走在正確的道路，建議依據下列三個步驟，重新設定你的原則：

一、把這段話烙印在你的大腦：**我如果答應，一定是經過審慎考慮。之所以答應，不外乎是因為別人的請求讓我感興趣、好奇，或是可能帶給我快樂。**

二、現在，想想你說「好」的那些事情，哪些不符合上述標準。把幾件寫下來。經過這個簡單的程序，你下次答應他人的請求之前，就會先停下來想一想。你要是不確定，就會向對方說：「我再答覆你。」

三、每天都要提醒自己，你正在重整你的人生。你把精力集中在對你來說重要的事情，進而拿回時間主控權。要做到這一點，你必須慎選要做的事情，一旦選定就會**完成**。

試試看：

- 離開快車道，也就是說「好」的車道，重新發現「少即是多」的道理。
- 將你喜歡、卻沒時間追求的簡單樂趣，列成一份清單。下一次你感覺自己花太多時間看螢幕，或是有人邀你參加你不感興趣的活動，就要牢記這些你真正想做的事。
- 接下來的兩個月，試試這一章介紹節省時間的簡單方法。把你如何運用多出來的時間記錄下來，看見成果，你臉上應該會浮現微笑。

你在週末做太多浪費時間的事情的跡象

你在週日晚上，是否覺得自己浪費了整個週末？你在過去一個月是否贏過一場爭論？答案應該是「否」，而且與別人爭論，想説服別人自己是對的，純屬浪費時間。應該要找一個跟你一樣虛心的人，以有創意的方式集思廣益。

你在週末是否想做些有趣的事情，或是學點東西，但總覺得時間不夠？

寫下這一章對你最有幫助、你也願意每天實踐（或是經常實踐）的一項心得。

「不」與你的子女

如果你很少說「不」，難得說「不」的時候，又絕對堅持立場，那你的子女很快就會發現，討價還價只會再拿到一個「不」。但你在子女年紀小的時候若總是說「好」，任由他們予取予求，那他們長大以後，大事小事多半都還是要靠你！

我領悟出一個道理，而且我的子女與我同樣受用。審慎以對，思考子女的請求。如果你總是說「不」，那你的某些「不」可能還有討價還價的空間，你的子女也很清楚。如果你很少說「不」，難得說「不」的時候，又絕對堅持立場，那你的子女很快就會發現，討價還價只會再拿到一個「不」。但如果你的子女反駁的內容很有道理，那你可能就要重新考慮。我們希望孩子們能了解，用不著吼叫、哭泣、板著臉，也能精通言語溝通之道。你希望他們講理，孩子們若是講理，你也覺得他們確實有理，偶爾也要讓他們贏一、兩次。我相信面對子女的大多數請求，做父母的都應該在有條件的情況下答應。或者也可以說：「好，但你必須先……」（請自行填空：整理草坪、遛狗等等。）而且如果要說不，也要堅定立場。你不可以因為孩子發脾氣就讓步。

我孩子年紀較小的時候，我的原則是盡量給他們自由，也就是任由他們控制自己生活的許多層面。舉個例子，臥室是他們自己的天地，他們可以按照自己的意思布置。如果臥室門關著，我要進去之前總會敲門。他們可以選擇自己的衣著，我不會批評。他們也可以選擇自己喜歡的髮型。我女兒若是想要染成藍色的頭髮，那也該由她作主，而不是我作主。我兒子若是想把頭髮留到肩膀，或是理個寸頭，那也由他自己作主。我想把「不」留給遠比時尚重要的事情。

在子女成長的路上，要適時安排他們以努力換取想要的、需要的東西以及財物。孩子年紀小的時候，若是需要什麼你都會提供，那他們長大以後，大事小事多半都還是要靠**你**！你的子女需要一些情緒空間，需要一些待解決的問題，也需要了解行為的後果。他們想買什麼，你若都會買給他們，又替他們解決每一個問題，那剛才說的這些，他們全都得不到。我們不該為子女擋開**所有的**難題。我們身為父母的責任，是養育出不需我們照顧，也能好好生活的子女。幫子女解決所有的問題，只會導致子女依賴你。幫年幼或是十幾歲的子女做事，無論是基於關愛，還是因為你做得比較快、比較好，他們都學不會負責。

我還記得我與子女相處的兩個例子，正好代表子女必須自己作主的兩個選擇。有一天，我兩個子女分別是九歲與十一歲，我們一起去買東西，他們想要一款電池驅動的手持式迷你風扇。這款風扇還有噴霧功能，他們希望我能買給他們。我覺得這是孩子們了解金錢價值的好機會。（他們有很多玩具與物品，我並不是刻意不買重要的東西，所以一點也不覺得內疚。）我說：「你們真的想要風扇，就用你們存的錢買。」他們想了想，跟我說是的，他們還是想買風扇。我付錢給店員，孩子們到家再拿錢給我。一個星期後，我問他們風扇到哪裡去了。他們的回答的大意是，覺得風扇有點無聊，其中一台還故障了。我問他們，覺得花錢買風扇值不值得。他們兩個都說：「不值得。」幾年後，我們把風扇當作笑談，不過他們兩個都挖苦我要他們自己付錢買。但他們確實也領略了衝動購物的教訓。

我記得的第二個例子，是我兒子選上我們這個城市的少年巡迴籃球隊，只有最優秀的選手才能入選。隊上的孩子個個球技精湛，教練安排上場的，當然都是強者中的強者。結果我兒子在大部分的比賽只能坐板凳。有一年，他沒參加球隊選拔。有些爸爸可能會說：「別這麼輕易放棄。」但我認為打籃球應該要有趣才對，要有趣就要上場比賽。我的兒子以自己的方式展現智慧。他沒有再耗一年坐板凳，而是參加業餘聯賽，上場機會充足得很。他等於是向虛耗光陰、沒有樂趣的巡迴球隊說「不」，向打他喜歡的球賽說「好」。

身為父母，我們應該讓十幾歲的子女認識「不」的力量，尤其是關乎時間管理。我們都希望子女在學校、大學能表現優異。有時候我們太重視子女的學業能力，以及念書時間的長短。但與學業無關的時間管理也同樣重要。瑞歐爾．亞當斯與艾瑞克．布萊爾兩位學者認為，良好的時間管理技巧，能「減緩壓力，也是表現提升的關鍵指標」。他們的研究對象是大學生，但我們身為父母，可以敦促子女設定優先次序，提早培養時間管理能力。因此，我們也要教導子女，並不是每個機會都非得把握不可。我們的子女跟我們一樣，在生活中接二連三被刺激轟炸。我們教導子女分辨哪些對自己的教育與志向有益，久而久之子女就能學會掌控自己的人生，受益終身。

十幾歲的孩子與年輕人要社交，還要兼顧學業，做好時間管理並不容易。但身為父母的我們，可以引導子女妥善管理時間，只要提醒他們留意自己的時間都花在哪些活動上，讓他們自己判斷哪些活動能帶來的快樂最少，或是耗去太多時間。要他們想想，哪些活動**耗費最多時間，收穫卻最少**。只要主動與子女談談這個話題，說不定他們就會略做調整，從此學業突飛猛進，人生也會更幸福。研究顯示，學生若覺得自己能掌控時間，生活就會比較不緊張，也比較不會覺得負擔過重。

試試看：

- 如果你的孩子年紀還小，想買不重要的東西，就讓他們用自己的錢買。他們很快就會知道，這錢花得值不值得。
- 主動與你們家十來歲的孩子談談時間管理。重點是要讓他們了解自己如何運用空閒時間。他們也許會運用「不」的力量，把時間留給最重要的事情，讓你刮目相看。
- 要把重點放在鼓勵孩子**努力**，而非只看結果。孩子會懂得自立，也會明白「失敗」只是兩個字罷了，而且還是暫時的。（後面的章節會再談「失敗」。）

你是否經常告訴你的孩子，他有多聰明伶俐？

如果你確實會這樣做，那哥倫比亞大學的克勞蒂亞・繆勒與卡蘿・德威克的研究結果，可能讓你感到意外。在研究實驗中，一組兒童完成一項任務，研究人員就會稱讚他們聰明。另一組完成相同任務的兒童，則是沒有得到任何稱讚。研究人員再問兩組兒童，接下來想要相對簡單的任務，還是困難的任務。令人意外的是，獲得稱讚的兒童，多半選擇簡單的任務。沒有獲得稱讚的兒童，反而多半選擇困難的任務。研究發現，受到稱讚的兒童會避免失敗，也會避開困難的問題。

那該如何讚美子女？方才提到的兩位研究學者，又針對兒童進行更多研究。研究團隊讚美一組兒童很聰明，對另一組兒童，則是稱讚他們的**努力**。結果發現，努力受到稱讚的兒童，無論是得分還是任務完成率，都高於智商受到稱讚的兒童。

所以，稱讚孩子的努力，孩子就更有可能選擇、完成，甚至享受困難的任務。

寫下這一章對你最有幫助、你也願意每天實踐（或是經常實踐）的一項心得。

對親戚與另一半說「不」要謹慎

如果眼前的情況讓你難受，也可以尋求替代方案，問題是你的家人可能對目前的安排很滿意。向另一半說「不」，感覺很像走過雷區。但若是用對方法，經過一番努力還是有機會成功。

你看過多少次這樣的狀況：一個家庭中絕大多數的家事，都由某一位家人承擔？我就看過這樣的例子，年邁的父母有幾名子女，但只有一位子女承擔大半照顧的責任。其他的子女到哪去了？他們的時間是不是比照顧父母的這位更值錢？

答案是不可能。每個人擁有的時間都是固定的，也同樣珍貴。那位子女之所以承擔照顧父母的責任，往往只是因為他沒有像其他子女那樣開口說「不」（或是找藉口）。有時候他承擔責任，是因為其他人都不承擔。無論原因是什麼，承擔大半責任的那個人，都應該召集家人前來開會，商討公平分配家事的方式。如果辦不到，承擔大半責任的那個人又投入太多時間，可以考慮由大家共同出錢，雇用外人幫忙。

有些人之所以承擔責任，純粹是因為不想起衝突，照顧父母的例子只是諸多案例之一。要向這種奴役心態說不。也許你們一大家子每年的感恩節與聖誕節晚餐，都是由你一個人負責。如果你喜歡做菜，那沒問題，繼續做就行了。但若你覺得這是天大的負擔，你也可以尋求替代方案，問題是你的家人可能對目前的安排很滿意。你可以建議每個人帶一道菜，或是大家一起到餐廳聚餐，或是大家一起出錢叫外燴。現在你明白了，如果現狀對你無益，就要對現狀說「不」。你要追求的目標是自由，不再擔任被奴役得最慘的工蜂。

別讓自己被他人操縱，要提防那些一天到晚占用你時間的家人。就算你暗示無法幫忙，這種人也會忽視。你必須直截了當，把話說清楚。如果你想說明拒絕的原因，就要請他們專心聽你說，不要插嘴。否則有些人會存心運用話術，讓你覺得內疚。他們會像釣客放餌一樣，但你可以選擇不上鉤。

你幫助別人，應該是發自內心想幫，而不是因為覺得有義務，也不該因為害怕失去別人的愛或友誼，所以硬逼著自己幫忙。如果有人因為自己規畫不當，一天到晚臨時要你救火，那你答應他們，只會讓他們覺得可以繼續這樣做。結果別人的壞習慣影響到你的生活，打亂你的計畫。你若是個有遠見、有紀律之人，就該要求別人也要有遠見、有紀律。

向另一半說「不」，感覺很像走過雷區。但若是用對方法，經過一番努力還是有機會成功。你必須對你的另一半說，如果要請你做的事情很重要，那就一定要說清楚，因為你聽不太懂暗示。舉個例子，你的另一半說：「你今天想不想去海灘？」聽起來是個簡單的邀約，而且不是很重要。所以你就坦誠回答。也許你說：「今天不行。我想做這個那個。」這件事就結束了。但假設另一半換個方法，說：「希望你今天能跟我一起去海灘。我今天休假，想跟你一起度過。」那我勸你：最好移駕去海灘。你的另一半用字遣詞的意思非常明確，去海灘是頭等大事，而且他想跟你一起度過休假日。

這個方法要奏效，雙方都必須把自己的意圖說清楚，而且要強調自己請求對方做的事情很重要。一個人不能說自己的每一個願望、每一個請求都很重要，否則另一半很快就會認為，所有的請求根本都是要求。但只要雙方熟悉這個技巧，又開誠布公溝通，就不會有誤會。如果某件事情很重要，那就直說，別假設對方能懂你的暗示。不要用暗示的方式溝通。

試試看：

- 如果你屬於不喜歡衝突的個性，那你可能也會盡量避免使用斬釘截鐵的字眼，以為別人都能明白你的暗示。其實這樣溝通很難奏效，大多數的人都察覺不到你的暗示，只會延續現狀。不妨用一個月的時間，試試走出你與另一半、還有與大家庭相處的舒適圈，說出你的感受。你可能會覺得如釋重負，不再耗費大把時間配合別人的要求，溝通也不會一再出現誤會。

- 要提醒自己，你的精力有限，能奉獻的有限。要讓家人負起該負的責任，不要因為被責任感所束縛，就把大量時間奉獻給家人。
- 也許你的另一半，或是你的家人做了或沒做你很重視的事情，所以你在生悶氣。問你自己：**我可曾將我的意圖表達清楚？**如果你確實清楚表述你的感受，另一半或家人卻令你失望，那也不要默默生悶氣。應該要說清楚你為何生氣。直截了當不見得會引發衝突。你開誠布公溝通，對方可能只會說：「這我從來不知道，那我們一起解決問題。」

出現下列跡象，代表你可能需要找另一半或家人談談：

- 年復一年，家族聚會的規畫、烹飪、接待，多半都是由你負責。
- 你已經暗示，你對於你們關係的某個層面不滿，但你們從未坐下來，面對面，坦誠討論問題究竟出在哪裡。
- 你一再提出同樣的請求，得到的答案每次都讓你失望。
- 你顯然覺得自己被占便宜。

寫下這一章對你最有幫助、你也願意每天實踐（或是經常實踐）的一項心得。

「不」與你的健康

我把我的身體想像成我這輩子唯一的車子。車子若是沒有妥善維護，我就走不了多遠。

有個意象是你只要牢牢記在心中，你的整個人生就會更好。想像一朵花，每片花瓣都長長的，各自代表你人生的不同層面，例如工作、另一半、子女或家人、休閒時間、朋友等等。花朵的中央，也就是有時又稱雌蕊的部位，是你的健康。你人生的每一片花瓣，都倚仗你的健康。你越是健康，你的人生各層面就會越興盛。但奇怪的是，我們明明應該將健康放在第一位，很多人卻最不重視健康。你身體不適，做任何事情都很難做到最好，做到完全滿意。

我們常常把健康放在最後一位，是因為我們把其他事情列為優先。舉個例子：「我一直工作，忙都忙不完，都沒時間講求健康飲食，也沒時間運動。」那你如果顛倒過來，把健康放在第一位，是不是就比較不會覺得難以負荷呢？想想看，健康的你會更有精力、更專注，甚至更有創造力。你能在更短的時間完成更多。你的工作表現會進步。如果你覺得從忙碌的工作中抽空經營健康，**可能**會與升遷無緣，那就要換個角度，想想你若是健康狀況不佳，精神不濟，升遷的機率**絕對會降低**。

另一個藉口，是你的家人需要你（做飯、娛樂，幫助需要幫助的家人）。其實，你偶爾多花一些時間在自己身上，你的家人反而會受益。你會發現，原來休息充足，狀態良好的你，反而更有能力幫助別人。

我有時候缺乏運動，飲食不均衡，或是沒睡足八小時，就會特別留意，也會檢討我為何沒將健康放在第一位。我會藉由一些意象，匡正我的生活。我把我的身體想像成我這輩子唯一的車子。車子若是沒有妥善維護，我就走不了多遠。我提醒自己，運動後會因為腦內啡增加而身心舒暢。太過忙碌，耗損身心，只會弄得自己心靈過勞。這兩個念頭一起，我通常就會向占用太多時間的事情說「**夠了**」，到屋外跨上單車，騎上一段長路。你的抒壓方式，也許是在安靜的路上，林蔭步道，或是在海邊散步。也許是到健身中心鍛鍊身體至少一小時，大汗淋漓之後再享用一頓健康的飲食。無論你選擇哪一種方法，只要能讓心率上升、血液流動、頭腦清晰，就能邁向均衡健康的人生。你等於是幫你的車子、也就是你的身體充電。

以下是適合在生活中實踐的實用小訣竅：

- **補充水分**。要攝取水分就要喝水。要大量減少酒精、汽水、咖啡、果汁飲料等等的攝取量。水沒有熱量，沒有糖分，也沒有鹽分，而且打開你家水龍頭就有，無須另外付費。可以購買一台氣泡水機，加入新鮮的萊姆或檸檬汁，偶爾在你喝的水增添一點風味。要向攝取過量咖啡因的壞處說「不」。要向含糖飲料引發的肥胖與糖尿病說「不」。也要向每日攝取超過一杯酒精飲料的危害說「不」。（適度攝取咖啡、茶，以及紅酒對健康有益。）

• **傾聽身體的聲音。**身體會告訴你，你已經精疲力盡，你的心靈也陷入作戰疲勞。這時就要暫時放慢腳步，休息、放鬆、閱讀，或是尋求大自然的療癒力量。無論用什麼方法，都要盡量減少在我們清醒的時候，不斷轟炸我們的人造刺激物。偶爾要懂得斷開電子產品。

• **如果不能完成一整套鍛鍊，就在空氣清新的環境，散步二十至三十分鐘。**這樣做不需要規畫，不必花錢，也不需要花俏的健身服。你所得到的收穫是燃燒熱量、心情平靜，還能抬頭看看樹木、鳥兒，以及天空。

• **養成在家運動的習慣。**你可以乾脆取消你的健身房會籍。太多人被洗腦，以為一定要到健身房才能運動。但家裡只要有能激勵你的音樂，幾件設備（我用一台滑步機、幾個自由重量，以及一個墊子做核心訓練）。你就算沒空去健身房，總還是能擠出至少半小時的運動時間。你可能會覺得，在家運動很方便，因為不必開車往返。（我總是覺得很好笑，很多人會把車子停在健身房大門附近，就為了少走點路，然後又去使用健身房裡面的跑步機。）

如果你不是至少每隔一天就去一次健身房，那就問你自己：繳健身房的會費值得嗎？對於健身房來說當然值得，他們最愛那些每月繳費、但幾乎不會出現，所以也不會占用運動器材的會員。你省下的健身房會費，可以買幾樣在家使用的運動器材、一台公路自行車、一台登山自行車、一台小艇、幾雙雪鞋，再找一個線上社群與你一起運動，也可以獨自享受戶外時間。

我們把健康當作人生的頭等大事，就能將潛能發揮到極致。身體健康的我們狀態良好，也會更敏銳。我的牆上有一幅小小的圖畫，我稱之為感恩連續體。連續體的起點，是我感覺自己身體健康，也感恩生命中的許多好事。我努力保有一種孩子般的好奇心與觀察力，所以能時時保持敏銳，更能注意到周遭的事物，能察覺機會，把握住我覺得值得一試的機會。有了這些機會，更是心懷感恩。但要達到這種境界，首先我們必須盡量保持身體健康，也要懂得感恩。

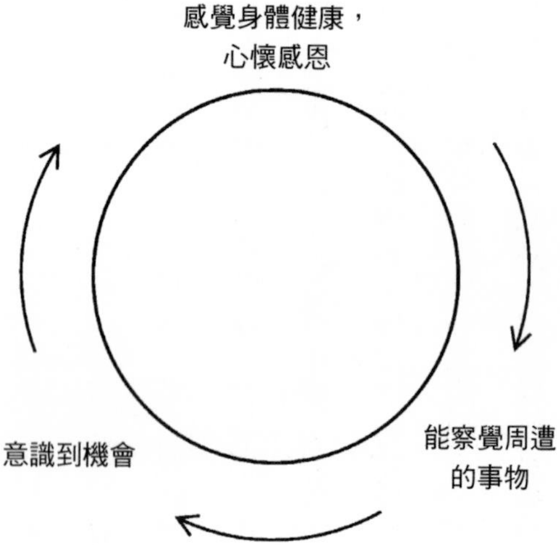

試試看：

・除了這一章列舉的好處之外，你大概還能想到其他許多好處，能證明我們應該重視健康，避免過長的工時，也要擺脫其他可見的負擔。用一個月的時間，試試我所介紹的訣竅，以增加運動量與睡眠為目標，也要吸收更多營養。我想，哪怕你只是每天短程散步，只要能堅持一個月，你都會發現，盡量保持身體健康確實有很多好處。不妨將你為了保持健康，而開始做的種種努力記錄下來。若你覺得抽出時間保養你的身體，卻導致工作或人際關係受到影響，那也請你寫下來。對於理智的人來說，把身體健康放在第一位通常不會有壞處，只有好處。畢竟身體就像車子，能帶你登上前所未有的高度與冒險。

- 總而言之，如果你沒時間運動、睡眠充足、健康飲食，那顯然你的人生失衡。要善用「不」的力量，拒絕某些會占用你時間的要求，或是減少要做的事情，保留一點專屬於你自己、還有你的健康的時間。你的狀態若是很糟，就不可能擁有美滿的人生，也不可能達成困難的目標。要把你的身體，當成精心打造的無價跑車，以正確的方式保養，才能享受人生的旅程，前往意想不到的地點。
- 花點時間閱讀關於「藍區」的資料。所謂藍區，就是最健康、最長壽的人居住的地方。有一本介紹素食為主的飲食（全球藍區居民的共同點之一）的好書，是《藍區廚房》。這本書在一開頭介紹的幾項養生原則包括：

- 不食用肉類
- 少吃魚類
- 少吃乳製品
- 少吃蛋
- 每天吃些豆類
- 大量減糖
- 把堅果當點心吃
- 麵包要選酸種（選擇酸種麵包，或是百分之百全麥）
- 選擇全食（盡量避免加工食品）

要知道，健康飲食的重點，是向典型的美國飲食說「不」，向我們認得的天然食物（蔬菜、水果、堅果等）說「好」。

下列情形是否符合你的生活？

- 過勞
- 週末沒有自己的時間
- 你看見的日光燈光比日光還多
- 你的行程滿到你想尖叫
- 你的家一團亂

如果上述至少一項符合你現在的生活，那你的健康狀態應該不理想，因為你對其他事情都說「好」，唯獨沒對最重要的事情、也就是你的健康說「好」。你的生活若要多一些平衡，少一些忙亂，就要挪出時間做飯，或是購買健康食物，還要運動、睡眠、接觸大自然。挪出時間經營健康，並不會影響你的生活其他層面。精力旺盛，心情平靜的你，能拿出最佳表現，所以生活的其他層面反而會改善。

寫下這一章對你最有幫助、你也願意每天實踐（或是經常實踐）的一項心得。

不必明說的「不」（迴避的藝術）

有很多種方法，都能讓你不必說出「不」，照樣能拒絕他人的請求。你雖然沒說「不」，但你心裡在想：「才不要！」無論對方給你多少壓力，讓你多麼內疚，你也會堅持立場，絕不讓步。不要讓自己被拖入談判。你奪回你的時間，看見了成效，就更容易以最有效的方式說「不」。只要不斷提醒自己：「我這是在簡化我的生活。」

前面幾章介紹了幾種不必直接說「不」，也能拒絕別人的請求的方式。我們面對電話那一頭的推銷員、汽車銷售員，或是要賣利馬豆給你的人，可以直接說：「不用了，謝謝！」但其實不直接說「不」，也能奪回自己的時間。說「不」往往顯得太直率，而且對著認識的人直接說「不」，容易失禮。這一章會探討更多方法，讓你不用直接說「不」，也能表達相同的意思，達成相同的結果。

面對他人的請求，即使你知道你會拒絕，也要仔細傾聽對方的請求，也許問一兩個問題，也要表示你了解他們的立場（亦即「是，從一間公寓搬到另一間確實很不容易，很辛苦，所以最好還是聘請搬家公司。」）。這本書並不是要告訴你，該如何當下拒絕、打發對方，而是要教你，做決策要以自己的、而非他人的優先順序為依據。我們向朋友、鄰居、家人，或是相識者說「不」，最好也解釋為何不能抽空幫忙，比較不會顯得無情。不妨試試下列這些很實用的答覆：

「我現在不方便。」

「我要忙的事情太多。」

「我個人的原則是不（自行填空）。」

如果你覺得在熟悉拒絕他人的技巧之前，有必要使用善意的謊言，那當然可以用：

「我已經另外有約。」

「我不太習慣做……」

「我很了解自己，這件事情要是答應下來，我會很累。」

也許你覺得需要多了解一點情況。

「我不太敢在有棕熊的地方露營。」

「我的背部沒那麼強壯，硬是把那個舉起來是會受傷的。」

「我家現在還不適合招待客人。」

「我吃利馬豆會想吐。」

現在你知道了。有很多種方法，都能讓你不必說出「不」，照樣能拒絕他人的請求。你雖然沒說「不」，但你心裡在想：「**才不要！**」無論對方給你多少壓力，讓你多麼內疚，你也會堅持立場，絕不讓步。如果對方繼續請求，或是挑剔你的藉口，那就不要再多作解釋，也不必覺得內疚，而是要堅定說出「不用了，謝謝。」不要讓自己被拖入談判。

即使直接說出「不」，你也可以提出你更喜歡的替代方案，緩和一下氣氛。比方說：「不行，我沒時間參與這次募款活動的規畫，那我幫你們看看行銷資料好不好？」你表達出願意提供有限度的協助，球就到了對方那一邊，由對方決定如何答覆。你與好友互動，可以先用這種「不行，不過……」的策略，等到往後比較有自信，再直接拒絕。如果你真心想幫忙，但只能有限度幫忙，那就說：「不行，不過……」你奪回你的時間，看見了成效，就更容易以最適合你的方式說「不」。只要不斷提醒自己，**我這是在簡化我的生活**。有些人會不斷請求，所以你可能需要一再拒絕，每一次都要言簡意賅。

你在工作之外的時間，每分每秒都由你自己主宰。沒有你的允許，誰也不能奪走。但我想很多讀者看到這裡會問：「那我工作的時候呢？我工作的時候要是遇到不合理的要求，該怎麼辦？」我們在下一章會探討這個棘手的問題，你也可以參考這一章介紹的應答方式，不必直接說「不」，而是換個較不唐突的方式，表達你的意願與意見。

試試看：

- 一定要先考慮自己有沒有時間，再答應別人的請求。你評估做這件事情所需的時間，要記得將這個數字乘以二。我發現幾乎每一件工作、每一個責任、每一次社交所需的時間，都遠遠超出我原先的預期。如果你在壓力之下有所動搖，那最起碼也要說：「讓我先想想。」籌辦募款活動可是重責大任，想幫忙還有其他的辦法，哪怕只是說一句：「不行，但我會第一個捐款。」
- 揮灑說不的藝術，也要做到盡量不傷和氣。即使警鈴大作，你想大喊：「才不要！」也還是可以讚美對方：「我很欣賞你的努力跟構想，但我現在無法答應。」
- 如果你遇到極好的機會，但你實在沒有時間，那就拒絕，但要說清楚理由。有時候對方會為了你調整時程，或是提出另一種方案，大幅減少你需要投入的時間。你只需要專心做整個方案中你最喜歡的部分即可。我在某些我感興趣的商業機會，也曾運用過這種技巧，結果也讓我頗為意外，原來很多人都很有彈性，最後也能商量出雙贏的局面。

- 別擔心拒絕別人會傷感情。首先，時間是你自己的，對方必須尊重。第二，我們常認為拒絕對方的請求，對方對我們就沒有好感。心理學家甚至還有一個名詞，形容這種「拒絕別人會導致別人對我們印象不好」的錯誤觀念：「嚴格偏誤」。要把掌握自己的時間，當成一種正面的好事，別人就有可能會尊重有紀律的你，而不是對你反感。
- 如果你禁不起別人的請求，經常得做太耗時間的事情，而你並不想斬斷與對方的交情，那你可以說：「我們不必按照固定的時間表。」我有個朋友每個禮拜都跟另一位朋友進行 Zoom 視訊會議，希望能大大減少次數，擺脫固定的時間表也許會是個好辦法。

寫下這一章對你最有幫助、你也願意每天實踐（或是經常實踐）的一項心得。

在工作上說「不」

向你的老闆說不，是一件格外危險的事。而且你也絕對不可能直接說出「不」。但這並不代表你只能對老闆說「是」。如果你工作多到忙不完，那你在承擔新工作之前，就有責任與你的老闆商量。

對於直接說「不」的人，職場是個危機四伏的地方。在職場做人，必須得體、圓滑、細膩，幾乎沒有直接說「不」的空間。我們在前一章，討論了其他說「不」的方式。在這一章，我們會介紹更多說「不」的方法，同時列舉幾個可用於職場的具體例子。（後面的章節會談到自營作業者說「不」的問題。）

比較容易說的「不」，是對同事說的。而比較難說的「不」，也就是最需要講究手腕與表達方式的，是對老闆以及對上司說的「不」。

我們先討論對同事說「不」。有些同事真的煩人，還會拜託你做不屬於你分內的事情。面對同事求助，你大概會幫個一、兩次，後來就會說你太忙，無法再協助。但更理想的回應，也許是告訴同事，公司裡哪一位才是解決此類問題的專家。也許網路上，或是某本手冊就有同事所需的資訊。這樣做並不是在找藉口推託，介紹更有用的人或是資料，反而是在幫同事的忙，讓同事能更快完成要做的事。

有時候找你幫忙的是另一個部門的同事，也許是邀請你參與一項你能發揮所長的專案。你在加入之前，記得要先跟邀請你的同事說，你必須先向你的主管報告。你的老闆必須知道，除了自己以外，還有誰在占用你的時間。

向你的老闆說「不」，是一句格外危險的事。而且你也絕對不可能直接說出「不」。但這並不代表你只能對老闆說「是」。如果你工作多到忙不完，那你在承擔新工作之前，就有**責任**與你的老闆商量。跟你的主管約時間見面，定出工作的優先次序。你可能會感到意外，因為你主管告訴你的、你以為很急迫的工作，老闆現在覺得沒那麼重要。也許你跟主管商量過後，你會發現落在你頭上的新專案，並不如你所想像的繁重，也許完工期限還很遠，你有把握能完成。還有一個辦法，是你告訴主管，你若是承接新專案，難免會影響手上的其他工作。那公司也許會讓你在新專案中，擔任你所負責的領域的顧問，有必要才會請你幫忙。擔任顧問，總比承擔所有責任，卻又無法交出成果好得多。明智的主管會懂得欣賞果決、誠實，又能提出替代方案的員工。

找老闆談非常重要。至少老闆在分派別的工作給你之前，會先停下來想想。千萬不要等到你已經全面崩潰，忙不過來，樣樣都做不好，才要找老闆談。溝通很重要。

你要是覺得手上的事情太多，無力承擔更多工作，還有一種跟老闆溝通的方法。你可以告訴老闆，若再承擔新的工作，工作品質就無法達到你的（或是老闆的）標準，還會影響目前工作的進度與品質。希望你的老闆聽了這番話，就會重新評估你目前的工作量。你也應該引導老闆，與你一起檢視手頭上的每一件工作。僅僅是將你的工作一件件檢視，老闆也許就會領悟，你的工作量已經太大，說不定可以將其中一、兩件工作分配給其他人，或是先擱置。再強調一次，員工有責任主動與老闆對話，而不是為了討好老闆，就唯命是從。我從先前的職場經驗發現，扛下太多工作往往只會影響工作品質，內心的不滿也會逐漸累積，最後演變成災難。最好還是找老闆談談。

如果你工作認真，也是公司珍視的人才，那你立下界線，應該不至於得罪公司的管理階層，畢竟他們不想失去你。舉個例子，如果你每天晚上，還有每個週末，一收到工作相關的電子郵件，幾乎都會立刻回信，然而，你也想省下一些回覆電子郵件的時間，留給你的家人或自己。你可以對老闆說，為了避免過勞，往後除非是標註「緊急」、內容也確實緊急的電子郵件，否則你不會在週日回覆。

另一種情況是你身為父母，卻從來沒能及時回家吃晚餐。你可以每週至少抽出兩天，保證會陪伴家人。這代表你要在早上六點抵達辦公室（記得要用電子郵件讓老闆知道），也要及時下班，才來得及與家人共進晚餐。如果有人在那天下班前召開會議，你又非出席不可，那就先試試看能不能更改開會時間，要是不行，那就告訴與會眾人，你幾點必須離席「赴約」。為了增強你的決心，不妨告訴自己，你的孩子不會有第二個童年。你對孩子、對另一半，還有對你自己，都有義務共享家人相聚的時光。倘若你覺得工作太過忙碌，完全無法抽空與家人相聚，那顯然有很嚴重的問題。接下來的六個月，你必須下定決心抽空與家人相聚，或者另尋一家重視工作生活平衡的東家。別再當個奴隸，免得哪天醒來發現孩子都長大了，而且還懶得跟你相處。

我現在是自營工作者，但我還是將合作的幾家出版社，還有幾家刊物的編輯，當成我的老闆，也竭力提供最好的服務。但有時候，我的客戶會急著叫我立刻完成某項工作，因為**他們**的進度落後，或是壓力很大。在其中的一次，我覺得事情根本不急，所以也沒有趕在他們設定的期限內完成。我還沒來得及開始作業，就收到當初找我的那位寄來的電子郵件，說沒關係，他們已經解決問題了。在這個例子，我推遲處理，反而讓急迫的請求消失。我從中歸納出的心得，是我多年來已經知道的道理：有些人喜歡將自己的壓力，當成接力賽的接力棒傳給別人。這一次，我乾脆不接棒。

如果你的老闆無藥可救（幾乎每項工作在他眼裡都是第一要務），你也覺得管理階層很難改變心態，那就要開始準備逃命。也許要幾個月，甚至一年才能逃離，但要知道，你是向沒有同理心的不當管理說「不」。在逃離之前，還是要繼續全力以赴。只要你敢面對鏡中的自己，知道自己盡心盡力，忠於職守（而且沒有犧牲自己的健康），那還有什麼好遺憾的呢？要堅持下去，同時也要繼續找新工作。很多企業與管理高層都會給予員工明確的指示，也會真心賞識有能力又敬業的你。

被工作壓垮的你，遇見不肯傾聽你的心聲、只會千篇一律叫你「多工作業」的主管，會覺得很灰心。而遇到心胸狹窄，不肯參考你提出的每一項新構想的老闆，你也會很喪氣。有些主管只想固守現狀，員工即使提出顯然能簡化作業、節省時間的新構想，他們有時也不願接受。再強調一次，如果你的部門管理階層不可能改變，那就可以在公司內部，或是公司之外另尋新職。你總不想再為一個唯恐改變現狀、所以不敢嘗試新想法的主管，繼續效力幾年。這種主管是創造力的殺手。你想要的工作環境，是願意改善工作流程與程序，而不是一概拒絕所有改變。

這本書的主題是時間管理，因此我必須談談開會。我曾在企業團體的研討會發表演說，主題是如何召開有生產力的會議。若要我歸納出最重要的三項因素，那會是：

一、在開會之前先將議程發給與會人員，確認大家只談議程上的事情。

二、不要參加沒有訂出結束時間的會議。如果議程沒有列出結束時間，那就主動詢問會議何時會結束，告訴對方你需要規畫自己的時間。超過一小時的會議，實質成效往往有限。

三、每個人都應該有機會發言，而且不受干擾，但也要嚴格限制每個人的發言時間，否則很有可能會有一個人講個沒完。不要讓別人竊取你的構想，要打斷這些人的發言，對他們說：「我才說過同樣的話。」或是「這個構想我剛才已經寫下來，也給大家看過了。」不要讓別人偷走你的構想。

四、在會議的尾聲，主辦人應該總結接下來需要做哪些事情，誰又該在何時完成哪些事情。會議結束後，主辦人應該製作會議紀錄摘要，發給每一位與會者。

另外，還要談談最後一件與工作相關的事：加薪與升遷。我的方法是什麼？答案是：如果你不主動要求，那就永遠不會有（當然了，想要求也要列出你過往的績效）。我在人生的幾乎每一個層面，都奉行「主動要求」原則。我開口要求，常常得到意外的驚喜，明明覺得希望不大，對方卻竟然同意。主動開口很少會有壞處，有時甚至還有驚喜。我畢恭畢敬請求協助，就連陌生人都願意幫忙。（誰曉得，說不定他們是因為不喜歡拒絕，沒看過這本書，所以答應幫忙！）

在開口要求加薪之前，一定要弄清楚自己的價值。要怎麼弄清楚？去其他公司面試。其他公司會提出比你現在更優渥的薪水，這就是你與現在老闆談判的籌碼。你也希望**你的老闆倚重你**，那老闆就會竭盡全力留住你。要找老闆談加薪或升遷，也要挑選合適的時機。最好在你身價上漲，表現亮眼的時候開口。不要以為只要更努力工作，老闆就會注意到你。你可以選擇不當個局外人，讓公司看見你的卓越貢獻。

試試看：

- 接下來的一個月，把你每天的工作時數記錄下來，包括你在家裡收到多少封電子郵件，接到幾通電話，錯過多少次與家人共進晚餐。我以前在美國的企業工作，發現用這個方法，可以強迫我挪出時間給自己。如果你不相信我們美國人工作超時，那就請你看看下列數據：

◆**國際勞工組織**（ＩＬＯ）表示：「美國人每年的工作時數，比日本人多一百三十七小時，比英國人多兩百六十小時，比法國人多四百九十九小時。」與一九七〇年代相比，現在的美國員工平均每年多工作一個月。在美洲國家當中，**只有**美國不提供政府補助的有薪育嬰假。歐洲各國平均提供超過二十週的有薪育嬰假，歐洲以外地區則是平均提供超過十二週的有薪育嬰假。還有很多指標都能證明，我們美國人工時超長。不要將醒著的每一刻都用於工作，而忽略了自己的健康與家庭。

• 養成每半年就到另一家公司應徵的習慣。想了解你真正的價值，這是唯一的辦法。了解你真正的價值之後，你爭取加薪與升遷的籌碼就會增加許多。

下列情形你是不是很熟悉？

你的主管分派新工作給你，說：「這是很受矚目的工作，所以要趕快開始。」同一位主管又拿著另一件工作找你，這次他說：「管理高層說馬上要。」接下來又有第三件工作，這次是「公司的客戶很在意的」，所以要趕快處理。等到第四件工作降臨，你雖然連第一件都還沒做完，但這最新降臨的第四件工作「必須盡快完成，但也要仔細做好。」

有些主管有這種「諸事緊急」的毛病，自己卻渾然不覺。但你也知道這樣輕重不分，會產生怎樣的問題：每件工作都是「最重要的」，你必須主動找主管談，決定各項工作的優先次序，不然你就會被工作淹沒。若你覺得主管只會講一堆廢話，不會給明確指示，那你必須盡量安排先後次序，並向主管報告，說你要按照這個順序一一完成。主管要是有意見，也請告訴你。你並沒有拒絕任何一件工作，而是擬定了戰略。

附註：在安排先後次序的時候，記得要先做受矚目的工作。這種工作能讓管理高層注意到你，也許還是你日後升遷的門票。

寫下這一章對你最有幫助、你也願意每天實踐（或是經常實踐）的一項心得。

向負能量說「不」

我們遇到的事情有好有壞，誰也說不定。關鍵在於你面對的心態。我的作法是盡量不在意厄運，當成學習的機會，從中挖掘一些正面的東西。

寫作生涯中最慘的事情之一，是出版社握有你嘔心瀝血創作的書稿版權，出版日期卻一延再延。我在幾年前就遇到這種事，你可能覺得這種情況不可能會有好結果。當時的我就是這麼想。後來我在小額賠償法院打贏官司，拿回作品版權，但還是因為整個過程而心情低落，沒什麼動力另尋出版社。沒想到發生了一件奇妙的事情，讓我往後遇到困境，感覺諸事不順時，也能保持正面的心態。我不但找到了新的出版社，合作出版了三本書，也找到了過去二十二年來最好的朋友。

我在新出版社的合作對象亞當，後來成為我的釣魚夥伴，也是我的知己之一。我們相交至今，伴著彼此走過人生的許多雷區，包括離婚還有健康問題。我分享這則小故事，是想告訴大家，原本那家出版社要是依約出版我的作品，我就不可能認識亞當。現在的我明白，無論情況看起來有多糟，只要以正確的態度面對，就有可能，不對，應該說很有可能，得到一些正面的東西。我明白這個道理，所以即使在飽受煎熬的日子裡，也能將負面思想減至最低，我也提醒自己，**好事即將到來**。

該如何處理心中那些負面思想？解決之道是練習樂觀的自我對話。要常常這樣做。對話的內容可以很簡單，例如「我一天比一天強大、聰明、優秀，朝著（自行填空）再邁進一步。」正向的自我對話有助於擺脫負面思想。如果經常練習無效，那就試試請治療師協助，尤其是認知行為治療師，幫你將心中的負面思想轉化為正面。理想的治療師只要與你會面幾次，就能引導你走在正確的道路上。一生受用。

遇到壞事的時候，要記得只要努力，好事很快就會降臨。處於困境的你，也許很難這麼想，但只要多多練習正向的自我對話，**相信**自己能善用逆境，很快就能練就以正向的心態，面對每一次的困境。現在我遇到不順心的事，都會對自己說：**麥可，要善加利用眼前的狀況，機會很快就會浮現**。我之所以能在人生的嚴重逆風期，仍然保持正向的心態，是因為我有一個信念，也就是女兒寫給我的一句話：「要記得，事情在發生之前是看不明白的，唯有等到事後思考才會明白。」她是個睿智的人，知道人要經歷逆境才會成長，一直處在順境是不會成長的。而且往往要經過一段時間，才能領悟逆境所蘊含的正面的東西。

身兼作家與心理學家的理查·懷斯曼博士表示，你可以把自己訓練成更「幸運」。而且，這不是一種神祕的力量，而是一種態度與觀點。認為自己幸運的人遇到壞事或意外，總是會看到好的一面，也認為情況本有可能糟糕得多。懷斯曼表示，覺得自己幸運的人，「認為最好的狀況會發生，形成一種自我應驗的預言。他們願意朝著並非自己原訂的方向前進。他們是彈性靈活的人。」所以，你若是有負面想法，覺得自己運氣不好，就要在心中關上負面思考的開關，相信會有最好的結果。如此一來你的心情就會好轉，比較不焦慮，也許還會更輕鬆，就更能察覺到周遭的一切，隨時把握機會。懷斯曼的研究結果，證明了我的作法正確，包括我所奉行的正向自我對話，以及我所堅持的：無論如何，我都會善加利用眼前的情況。我遇到不好的出版社，卻因此結識亞當這位好友。從此我相信，無論做任何事，只要心胸寬廣，認為自己是個「幸運兒」，就能創造好事。我秉持這種心態，就不會在意小事，比方說遠足或是規畫好的活動若是取消了，我會心想：**我會好好留意，會有更好的事情發生**。遇到較嚴重的逆境，我以自我對話，避免落入自憐與消極的心態，同時保持樂觀，相信我會重返獨立自主的自然狀態。我會把那些唱反調的人隔絕在外，相信我的未來只有意想不到的，沒有不可能的。

我努力創造好運的一個例子，是我與另一位作者合著的作品《絕命救援》改編成迪士尼電影。別人說我很幸運，我總是附和，也很感謝幸運眷顧，命運待我不薄。但我其實還應該加一句：「我也出力創造好運。」我的意思是，因為我寫了**幾本**關於歷史上的救援事件的書，其中某一本受到製作人與電影公司青睞，進而改編成電影的機率就會增加。我與《絕命救援》的另一位作者一有機會，就宣傳《絕命救援》的故事，也是開創遇見伯樂的機會。說不定聽故事的人就是貴人。

我們遇到的事情有好有壞，**誰也說不定**。關鍵在於你面對的心態。我的作法是盡量不在意厄運，當成學習的機會，從中挖掘一些正面的東西。我對自己說，總能找出正面的東西，久而久之，一切都會好轉。這種心態驅使我**尋找**正面的可能性，果然就出現了突破的希望。我只要稍稍瞥見有前景的機會，就會立刻打開大門，要趕在機會溜走之前，好好享受好運帶來的喜悅。

那如何因應別人的負能量？我覺得下列四項原則很實用：

一、不要一而再、再而三想改變別人的負面心態。我曾經屢次向別人建議顯而易見的解決方案。現在的我只要建議一、兩次，對方要是沒有行動。我就會明白，對方除非有意願，也做好準備，否則是不會改變的。

二、別與自怨自艾的人為伍。我發現一個人的人生越貧乏，就越會老是想著一、兩件其實不算嚴重的壞事。聽他們發牢騷，只會耗盡你的精力與熱忱。這種人有時還想把你捲進他們的災難漩渦。離他們遠一點，免得被捲進去。

三、不要把你的動力與精力，消耗在負面的人、負面的經驗。如果你或你的朋友老是把一件過往發生的壞事掛在嘴邊，等於是把這件事情渲染得更重要。

四、遠離「負能量之地」，就是那些藉由散播負能量賺錢的媒體，例如有線電視新聞台，以及開放聽眾 call-in 的談話性廣播節目。有些負能量之地是實體的場所。我以前在某企業工作的時候，午餐餐桌就是一個負能量之地。我發現那裡的談話內容多半是負面的（往往是埋怨工作上的事情），就覺得午餐時間還是散散步，或是跑去附近的公共圖書館，找幾本有意思的書來看看，還比較健康。

如果你想實現新的目標，而這個目標很困難，需要勇氣才能實現，那很多人都會告訴你，成功的機率極低，或是根本不可能成功。他們也許是基於好意，真心為你著想，但對於你的努力，他們沒有鼓勵，也沒有實用的建議，而是給出負面的意見。作家亞利安娜·哈芬登說：「除非我們願意，否則唱反調的人很難影響我們。」

要捍衛你的目標、自信與夢想，別受那些會耗盡你精力的人影響。要結交願意傾聽、而且思考正面又不落俗套的人。即使走在務實的道路，仍然可以實現你的夢想。一路上若是有人了解你的目標，即使你的成績再怎麼微小，也願意鼓勵你，那你的路就會更為平坦。

試試看：

• 接下來連續兩週，都要練習正向的自我對話。每天都努力做到最好，對自己說：「我一天比一天強大，每天都離我的目標更近一些。我不知道何時會達成目標，但我要好好享受這個過程，一路上也會學習新的東西。」如此就能趕走負面的念頭。我敢說，兩週過後，你會感覺自己稍微強大了一些，更有自信，也更明白如何將自己重塑成真實的自己。別忘了要對生活中那些「空耗時間」的事情說不，將精力優先用在對你來說最重要的事情上面。

• 斷開人生當中那些有毒的人，就是那些在生活當中遇到一點小挫折，都忍不住要以負面方式反應的人。這種人散發的能量，就是發牢騷的負能量。想想你認識的人當中，有哪幾位只會散發正能量：這類人常常笑，以熱情振奮你的精神。要多跟這類人相處，也要多結交類似的人，你會發現他們的觀點很快也會成為你的觀點。

• 要一再告訴自己，你是個幸運的人，而且你很靈活，所以會一直尋找新的機會，新的體驗。不要在受挫之後，說一些打擊自己的話，例如「我就是會碰到這種鳥事。」也別再說那些把你自己，跟可預期的壞事畫上等號的話，例如「我就是這樣的人。」或是「我年紀太大了，不能（自行填空）。」或是「我永遠沒辦法……」一旦遇到挫折，要從一開始的失落，轉為相信這次的挫折還是有好的一面。要保持自己心態靈活，要認為身為一個人，你仍在不斷成長，也要相信人生充滿有意思的驚喜。

- 要小心，不要拿疲倦、生病之類的事情發牢騷。老是提起這些事情，只是徒增它們的影響力，它們也就會在你清醒的時候，占據你的心思。身體出了小毛病，還是找醫師商量就好。若是能著手開始緩解不適，就更理想了。

寫下這一章對你最有幫助、你也願意每天實踐（或是經常實踐）的一項心得。

對於「失敗」的全新看法

我盡量不把失敗當成是負面的事情，而是從中學習，繼續朝著成功之路邁進。

有時候，我們會將坎坷或失敗當成壞事，這種心態其實不正確。相信我，我每寫出一本暢銷書，就至少有兩本永遠不會問世的書稿。我剛開始寫作的時候，退稿信是一封接一封。但有一點很重要：我並不覺得收到退稿信是一種失敗，反而覺得是免費的建議（如果我認同編輯的意見的話），也是更大的學習過程的一部分。你也可以用同樣的心態面對批評。

首先問你自己：**這些話有無道理？**中肯的批評也會告訴你該如何改進，至於無理的批評，嗯，就當作灰塵拂去，就此忘了吧。這兩種作法的任何一種，都不是在浪費時間，而是決定認同或不認同，再繼續前進。在這樣的情況，我都會想像自己在湍急的河流划著小艇，難免會撞到石頭，或是擦過某個障礙物。這種事情難免會發生，有時候是因為我不懂判斷河流的情況。但無論原因為何，我都會甩開阻礙，繼續朝著「成功之城」的目的地前進。

我發現有些人之所以成功，並不是因為比別人聰明或有才華，而是因為生產力更高。我同時進行幾件事情（寫書、寫文章、結交更多朋友），成功的機率就更大。也許我失敗的機率也較高，但也會收穫不少安打，甚至全壘打。我一直很清楚，我的生產力與幹勁，比我的才能更能讓我實現目標。後來我參考的幾項研究，也呼應這個道理。這些研究的對象包括半路放棄，沒有完成困難的事情或目標的人，以及那些最終順利完成的人。研究過程詳細記錄在心理學博士安琪拉·達克沃斯所寫的好書《恆毅力：人生成功的究極能力》。她的研究發現，堅持與頑強的決心，比純粹的天賦與聰明更能保證日後的成功。

成功人士失敗的次數，通常遠比一般人多。原因很簡單，因為他們一直嘗試新事物，即使失敗也能迅速恢復。重點是**嘗試**，因為成功人士就是這樣，不斷嘗試，不斷調整方法，而且天生好奇。說穿了就是他們會向失敗說「不」，因為他們不會因為失敗就不再努力。他們不會被失敗打倒，因為他們早就料到問題會出現，也會積極解決問題。他們並不見得一定能解決問題，但那也沒關係，因為他們會找出另一條路繼續前進。有時候你最好繞過問題，而不是解決問題。

我寫這一章的時候，碰巧也在看奧斯卡金獎導演暨編劇奧利佛·史東的自傳。天哪，他在大紅大紫之前，失敗的次數還真不少。他談到早期寫的劇本，說道：「我有個檔案，裡面有幾十部，也許是幾百部被拒絕的劇本，是我的恥辱檔案。我寫了這麼多劇本都被拒絕，除了心痛之外，還有一種反常的自豪，對於自己能接受拒絕，還是挺得意的。」這些話有不少值得思考的地方。是的，被拒絕一開始會很難受，但我覺得重點是他能「接受拒絕」，繼續創作。他在創作的路上堅持前行，早期的作品並不成功，但他每次失敗，總能從過程中學到新的東西。這個被拒絕幾百次的男人，後來創作了《午夜快車》、《殺戮戰場》、《薩爾瓦多》、《疤面煞星》、《誰殺了甘迺迪》、《華爾街》等眾多膾炙人口的作品。

我在前一章，提到理查・懷斯曼博士進行的研究。他談到職場的失敗，說道：「鼓勵大家失敗（是很重要的）……我們需要能承擔合理、務實的風險的人。」他的研究也發現，設想成功的過程必經的步驟，比設想成功的結果重要多了。我自己研究幾位做到了大多數人覺得不可能做到的事情的倖存者，也得到相同的結論。他們全心專注在他們認為成功路上必經的兩、三個步驟，不會花時間去想最終的結果。我稱之為「一小步的力量」。一小步可以累積出看似幾乎不可能達成的結果。在艱困的情況，我們需要的是行動，而不是一直去想看似遙不可及的最終目標。如果你只在意結果，那就很容易去想成功的機率有多渺茫，自己也受到打擊。最好還是踏出成功的必經步驟，一步一步走向最終目標。

作家韋恩・戴爾認為，有智慧的人會選擇快樂，而且憑藉一個人身在逆境的表現，就能看出此人智慧與否。戴爾說：「你依據你遭逢困境的感受，就能判斷你是不是真正有智慧的人。」我喜歡的另一句戴爾箴言，是：「明白人生難免會遇到問題、而且不會認為沒有問題的人生才是幸福的人生的那些人，是我們所知最有智慧的人，也是最罕見的人。」

所以，不要迴避失敗與挫折，而是要接受，當成人生的一部分，當成自我提升或是達成某個目標的過程的一部分。你的目標可以是固定不變的，但你達成目標的途徑應該要靈活可變動，因為你這一路上**一定會**遭遇重大的障礙。你可以選擇是解決問題、改變方向，還是調整計畫。

失敗也會產生另一個正面的結果：我們對於身陷困境的人會更有同理心，自己也會更謙卑。我們都知道，有些人成功以後，就變得自私傲慢，這種人也許需要遭遇挫折，才會清醒。

面對失敗、挫折、失望，有時最好的應對方法，是了解整個情況有多荒謬，甚至是要有多倒楣才會遇到這種事。在我人生的幾次挫折，我甚至學會把逆境當笑話看，對於接二連三落在我頭上的荒唐事，我也能找到好笑的點。若你有時面對挫折能一笑置之，那你遇到愚蠢、詼諧，還有荒唐的事情，豈不是就能哈哈大笑。你要養成歡笑的習慣，就像養成保持身材、健康飲食的習慣，要不斷練習，直到成為日常生活的一部分。歡笑充滿整個大腦，負面思想就再也沒有存在的空間。歡笑是大腦的一劑良藥，能讓我們緩解壓力，暫時擺脫拘束。而且，歡笑能讓我們身心愉悅。你若能對那些讓你憤怒傷心的挫折一笑置之，你的人生該有多美好。

賴瑞・大衛（《人生如戲》與《歡樂單身派對》製作人）是從乏味的日常生活尋找笑料的高手。他呈現出日常生活中那些幽默詼諧，有點荒謬的事情，往往也就是那些計畫外的事情。另一位幽默大師是諾曼・考辛斯。他在著作《笑退病魔》談到，他罹患罕見疾病的那段日子，治療的重心是沉浸在能讓他開懷大笑的電影、喜劇表演，以及書籍。我下定決心要效法，不過我還多加了「能讓我開懷大笑的朋友」。

只要多加練習，你也可以改變自己對於別人口中的「失敗」的看法。別再認為失敗就是結束，要把失敗當成路上的一次顛簸，一次繞道。說不定在未來的某一天，你回頭看看這些顛簸，還會覺得好笑，繼續往「成功之城」邁進。

試試看：

- 大多數人向來認為失敗是負面的。要向這種心態說不。要把失敗看成發現過程的必經之路。許多頂尖的成功人士，都歷經多次失敗，但還是繼續做出實績，探索新方向，直到成功為止。
- 要承認某些錯誤是**你自己**出了問題，要學到教訓，然後繼續努力，而不是一直陷在失落的情緒裡。你很快就學會馬上原諒自己，而不是將人生當中的不順利，怪罪在別人頭上。
- 你或是其他人可能將某件事當成失敗。但會不會只有你們這麼想？這個事件會不會只是看似失敗，其實不然，應該說是促使你改變路線的一個單純事件？試試看以不同的角度，看待近來你的人生中所謂的「災難」，想想這些事件究竟是失敗，還是你一時無法接受的短暫意外。我們一開始就認定某件事情是失敗，很有可能是誇大了事情的重要性，也許這件事只是人生當中小小的轉折，還能讓我們學到教訓。

即使被失敗打倒，也能做個幸運兒

理查．懷斯曼的著作《幸運人生的四大心理學法則》於二〇〇三年首度問世。我讀了之後發現，書中推薦了很多我本來就奉行的原則。懷斯曼多年來以科學方式，研究為何有些人似乎比較幸運，將歸納出的觀念寫在書中。我最近重讀這本書，發覺我有點偏離書中的觀念。懷斯曼認為，幸運兒並不是天生幸運，而是懂得在生活中實踐一些基本的策略，有時候是在不知不覺中實踐。其中一項重要的方法，是幸運兒有能力將不幸變成好運。懷斯曼介紹的方法如下：

一、幸運兒即使遭逢不幸，也能看見好的一面。

二、他們相信，不幸終究會帶來最好的結果。

三、他們不會老是想著自己的不幸。

四、他們會防範不幸再度發生。

《幸運人生的四大心理學法則》是一本頗有見地的好書，我非常推薦，尤其適合覺得自己運氣不好的人閱讀。

寫下這一章對你最有幫助、你也願意每天實踐（或是經常實踐）的一項心得。

三個 P：完美主義（perfectionism）、拖延（procrastination），以及墨守成規（patterning）

不要說：「等到……我就會快樂。」也不要懷抱這種想法。等待一切恰到好處，或是接近完美，是一種愚蠢的生活方式。這種想法，等於是為了也許永遠不會實現、不確定的事物（未來的某一天），而犧牲確定的事物（當下、現在）。

西蒙・拜爾斯是眾人眼中的全球最佳體操運動員，卻在二〇二一年退出多項奧運比賽，震驚全球。說穿了就是拜爾斯向完美主義以及其他人的期待說

「不」，向自己的健康說「好」。拜爾斯接二連三斬獲獎牌，很多人覺得她理當繼續展現出神入化的體操技巧。但很多人忘了她也是凡人，與我們並無不同，並不是一台能日復一日精準量產的機器。

拜爾斯在奧運期間說道：「我們也必須好好照顧自己，因為畢竟我們也是人，所以必須保護自己的身心，而不是只顧著做其他人要我們做的事。」

至少我讀到拜爾斯的這段話，就對她肅然起敬。她不會因為別人給的壓力，就強迫自己做不想做的事。我很欣賞她不願意為了滿足其他人的期待，就承擔受傷的風險。要在世界舞台上這樣做，內心必須非常強大。她說自己在練習時，對於時機拿捏得不準確，因此在跳馬之類的某些項目，出現空中「失感」的現象。

「想做一個動作，大腦與身體卻不同步，真的太可怕了。」

她已向全世界證明，她是全球頂尖的體操選手。現在她以另一種方式，證明她的勇氣，做出以自己為優先的艱難決定。她的退賽也讓人重新重視心理健康，不只是運動員，我們每一個人都要重視，尤其是那些孜孜不倦追求完美的人。我們是不完美的動物，事實就是這樣。我們當然可以努力經營最好的自己，拿出最佳的表現，但不可能天天都處於顛峰。

多次奪得奧運金牌的麥可・費爾普斯談到拜爾斯，說了一段擲地有聲的話：「我們要用更多時間維護心理健康。狀態不好也不必在意。有時候我感覺自己像動物園裡的動物。」我相信世界級的網球好手大坂直美也有同感。她也在二〇二一年捍衛自己的心理健康，先是以「社交焦慮」為由，拒絕出席記者會，隨後退出法國公開賽，然後又退出溫布敦網球錦標賽。別人認為她能咬牙撐過一次又一次的公開賽，不會受到壓力以及壓力衍生的各種問題影響。她向外界的這種期待說「不」，向暫時休息、照料自己的心理健康說「好」。

拜爾斯跟大坂直美的決定告訴我們，有時也可以暫時抽離。我們不可能永遠保持顛峰狀態，有時最好暫停一下，讓其他人接手。拜爾斯就是這樣做的，她並沒有跑到別的地方躲起來，而是出現在奧運的看台上，為隊友加油。

媒體不斷拿知名人士的風光人生轟炸我們，年輕人拿自己的人生與知名人士比較，難免會覺得**我的人生真**爛。但相信我，無論媒體呈現得多麼光鮮亮麗，沒有人的人生是完美的。別拿自己跟其他人比較，不要比較金錢的多寡、外表的優劣、職業生涯的高低。按照你自己內心的指示，做你想做的事情，判斷哪個未來目標最適合你。不要說：「等到……我就會快樂。」也不要懷抱這種想法。我覺得等待一切恰到好處，或是接近完美，是一種愚蠢的生活方式。這種想法等於是為了也許永遠不會實現、不確定的事物（未來的某一天），而犧牲確定的事物（當下、現在）。重點是要實現夢想或目標，也要享受整個過程。

我在這本書引用許多現代人的話，但現在我要分享遠古時代的塞內卡，於公元六五年所寫的一段話：「最耗費時間的，莫過於延誤，以及取決於未來的期待。我們放掉自己能掌握的現在，去期待取決於機運的未來，形同以確定換取不確定。」

即使沒能達成自己設下的高標準，也不要耿耿於懷。無論是你逼迫自己完美，還是你覺得別人要求你完美，都無所謂。因為無論哪一種，都不健康。心理學家戈登．弗萊特研究一群完美主義者，自己也登上《Discover》雜誌。他發現，極力追求完美的人，常常會覺得不自在，又擔憂自己無法做到完美。弗萊特說，他們常常覺得「自己不如其他人」。弗萊特以及其他研究人員認為，完美主義者很容易有「冒名頂替症候群」，也就是唯恐別人發現自己名不符實，自己也質疑自己的成就。

從另一個角度看，我相信完美主義與拖延非常有關。我親身經歷過這種狀況，別人對我說：「我一直都想寫書。」我問他們動筆了沒有，他們的答案往往是有，但後來放棄了。我問為何放棄，他們說的話大致如下：「我寫了一兩頁就寫不下去了，寫得不好。」我的答案都一樣：「不是一定要寫得很完美，只要開始寫，繼續寫下去，再回過頭來盡量打磨得好一些。你可能永遠不會覺得完美，但你越是打磨，書稿的品質就會越好。」

不只是寫作，我在很多領域也一再看到類似的例子，很多人覺得自己某方面的能力並非出類拔萃，就寧願旁觀，不願去做，最終只能一生寂寞。我再舉最後一個例子。我的高爾夫球技爛透了，雖然我打得不好，偶爾還是會跟朋友一起打。我知道我球技差，我也知道我不會花時間鍛鍊球技，但我還是可以享受這項運動。而且我也喜歡打高爾夫，因為我不會給我自己壓力，而且一邊打球還會一邊歡笑。我喜歡做一件事，並不會因為「不擅長」，就不去做。

這個建議可以套用在你所做的任何事：不要讓自我分析弄得自己無法開展。動手開始做，新的想法與方法就會浮現，讓你把事情做得更好。在我們先前提到的《Discover》雜誌文章，作家阿嘉塔．波克塞對於完美主義者的見解相當精闢，因為她也正在戒除完美主義的毛病。她說，她的寫作停擺，因為她擔心無法達成她設下的過高標準。「我有時候還會因為這樣，來不及在截稿期限前完成。我拿到低於『甲下』的成績，往往就會陷入絕望。」她也說，她因為有完美主義的毛病，所以有時會刻意不與別人互動。她引用針對像她這樣的完美主義者的研究，說道：「他們不喜歡承認自己的短處，（而且）對於人際互動比較容易覺得不自在。」

但若是意識到自己有完美主義的傾向，就有改進的希望。波克塞在文章的結尾提到，她在尋找學術機構的工作過程中，對於保持完美感到厭煩。「我再也不去刻意隱藏我的缺失。我決定冒險做我自己，談到管理時間的問題，我坦白說自己都盡力做好，但有時仍會失敗。結果竟然成功了，我錄取了。」（她並不知道，我覺得她發表在雜誌上的那篇文章很完美。真希望是我自己寫的！）

這個三部曲的最後一個P，是墨守成規。所謂墨守成規，就是我們的思路不夠寬廣，以為要達成目標只有一個途徑。我們完全模仿前人的作法，覺得前人的作法是通用萬能的，我們應當效法。向墨守成規說「不」，可能你會找到另一種更好的方法，比較適合你的個性與才能。強迫自己依循一種方法，反而可能造成拖延，因為這個方法若是不適合你，那進度就有可能耽擱。

不願墨守成規的最好例子，是NBA籃球明星凱文．賈奈特。他在著作《KG: A to Z》說了一段精采的故事，他在高三那年為閱讀障礙所苦，SAT與ACT測驗對他來說是天大的難關。但他覺得除了進入大學的籃球校隊，希望有朝一日能打入NBA外，他沒有其他的路可走。有一天，他與朋友偷偷溜進芝加哥公牛隊的訓練場地，在看台上看著麥可．喬登與史考提．皮朋練球。一位警衛示意賈奈特下來到球場，賈奈特也照辦。喬登對著賈奈特簡短說了一句：「我們開始吧。你來防守皮朋。」賈奈特與兩位偶像比賽，感覺有點像是置身夢境，而且他也能挺住。

故事發展到後面還更神奇。在比賽的休息時間，另一位籃球界的傳奇以賽亞．湯瑪斯，碰巧也在訓練場。他最近是從底特律活塞隊退役，並非芝加哥公牛隊。他在休息時間走到賈奈特身邊。賈奈特並不知道湯瑪斯怎麼會出現在這裡，但更令他驚訝的是湯瑪斯對他說：「你現在就可以打NBA。」這番話對賈奈特來說猶如醍醐灌頂。他發現NBA對他來說，並非遙不可及的夢想。湯瑪斯接著又問：「你覺得怎麼樣？準備好要進NBA了嗎？」賈奈特在書中寫道，他的未來之路在這一刻變得明確，他也對湯瑪斯說，他準備好了。他接下來寫的一段文字，是最有意思的段落：「說了這麼多個『好』，接下來要說『不』。向SAT、ACT，還有大學說『不』。不，我並不是非得依循二十歲的範本不可。」後來的故事大家都知道了：賈奈特高中一畢業就參加選秀，後來登上籃球名人堂。

你受到阻礙了嗎？阻礙你的是完美主義？還是拖延？還是你覺得一定要依循哪一條路線？要設計你自己的路線，不要等一切條件都完美才要行動。

試試看：

- 如果你覺得你是個完美主義者，那就暫停下來問問自己，這種心態是否健康。為了雞毛蒜皮的差錯苦惱，真的值得嗎？你難道希望過著每天憂心的日子？希望你的答案是「不」，如果真的是，那就要告訴自己，做事雖然要盡全力，卻往往很難達到你所設下的高標準，但不需要介意。

・你的人生不要依循別人走的道路。我還記得我年輕的時候，想的是**要在三十歲前結婚，三十二歲前買房子，三十五歲前生孩子**等等。畢竟我同儕的人生多半是如此。但我很快就發現，選擇最適合你的道路比這重要多了。

治療拖延的藥方＝開始做就對了！

邁出第一步是最重要的。第一步不會是完美的，一開始會有挫折與停頓。但還是要開始，一旦踏出第一步，就會一路走下去。這就跟「出席就等於成功了一半」的道理相同。

寫下這一章對你最有幫助、你也願意每天實踐（或是經常實踐）的一項心得。

說「不」並不代表自私

我發現挪出時間給我自己，而且不會覺得被催促、催逼的時候，我傾聽的能力就進步很多。

小時候的我們，受到的教育是要「乖」，要與別人和睦相處，要和藹可親，要有禮貌等等。很多人將這些教誨內化，所以會盡量附和別人，別人請我們幫忙，我們也會盡量配合。我們漸漸長大，覺得應該配合別人的要求，免得傷了別人的心。於是我們的許多舉動，都是要避免被別人貼上「自私」的標籤。趕快摒棄這種觀念，因為應該是反過來才對：說「不」與自私完全無關，反而與找到能讓自己輕鬆快樂的平衡完全有關。一旦找到這種平衡，你的為人就會更為寬厚、體貼，更富有同理心。你的內心平靜，就更有能力幫助需要幫助的人。但你必須先經營好自己。

若覺得別人的請求是種負擔，那你拒絕之後，就能把時間留給重要的事、特別的人，以及你的愛好。等到你發現一星期的時間最多能完成多少件事，你就會更平靜、更慷慨。這對大家都有好處。與其參加一個你其實不想參加的派對或集會，還不如把時間用於當志工，推動真正能改變世界的事。這樣做一點也不自私。

我發現挪出時間給我自己，而且不會覺得被催促、催逼的時候，我傾聽的能力就進步很多，會更用心理解別人究竟想表達什麼。心情放鬆的我，不但不會打斷別人說話，反而更有同理心，更關心別人。我想了解別人的動機是什麼，行為背後的原因，而且我會等到別人**完全**說明清楚，才會說出解決之道。我能有這樣的餘裕，是因為我沒有承擔太多責任，所以不需要看錶趕時間。我向不重要的小事說「不」，所以能做個更好的聽眾。

你違反內心的意願，承擔了其實不願承擔的要求，那會怎麼樣？結果往往是心懷怨氣，還會把怨氣對準向你提出請求的人。如果向你提出請求的人，是你人生中很重要的人，那你最不希望懷有的，就是怨氣。與其勉強承擔，還不如提出其他方案，保留商量的餘地。如果此人在你的人生中並不重要，那說句「抱歉，沒辦法。」也就夠了。拒絕不重要的人的請求，就能將時間留給自己，也許還能留給你生命中**真正**重要的人。這個人也許是你的另一半、你的子女，或是需要你幫助的人。再強調一次，這樣做一點也不自私！

試試看：

- 想一想，過去這一個月，你答應了哪些事情，後來又覺得後悔？把這些事情一一列出。經過這個簡單的練習，下次你遇到不想答應的事情，就會有不同的回應。

・空出更多時間給自己，讓自己更平靜，更有耐心，努力做個更好的傾聽者。要提醒自己，說「不」能解放自己的身心，身邊的每個人最終都能受益。要懂得說「不」，人生才會有新的體驗。

寫下這一章對你最有幫助、你也願意每天實踐（或是經常實踐）的一項心得。

說「不」與談判、經營自己的企業，或管理一個部門

要尋找寶石，就要捨棄許多普通的老石頭。

要妥善管理自己的企業，或是企業內部的大型部門，你訂出優先次序的能力，每天都受到考驗。若是不擅長訂出優先次序，你會發現你活得像無頭蒼蠅。一定要簡化你的「待辦」事項，只保留最有助於達成目標的最重要事項。

這就是所謂的八二法則。這個法則很有道理，意思是百分之八十的成果，來自僅僅百分之二十的活動。我覺得這個法則大致正確，也一直努力尋找能創造最

佳成果的活動。一旦發現，就會全心投入此類活動，不去理會沒能發揮作用的活動。一項請求或是活動若能讓我有明確的感受，我就知道該不該做。如果感覺很煩，我就會拒絕，但若是感到興奮，我就會說：「好的好的，沒問題！」

你熟悉了八二法則，就會發現這項法則能應用的範圍遠不只商業。舉個例子，你可能會發現，你百分之八十的快樂，來自百分之二十的親朋好友。億萬富翁華倫．巴菲特信奉的可能是更嚴格的法則，也許是九一法則，因為他曾說：「成功人士與非常成功人士的差別，在於非常成功人士幾乎會對一切說『不』。」

這個概念的重點，是要放棄某些事情，專注在報酬最高的事情上。以銷售人員為例，也許就是專注經營頂級客戶，給他們最好的服務，捨棄那些占用你太多時間的奧客。身為銷售人員卻常常說「不」，似乎有違常理，但這樣做等於給頂級客戶最好的待遇，也許能做成更多生意。也許還能找到更多類似的頂級客戶，助你創下銷售佳績。要記住八二法則，不僅能空出更多時間，還能斷開沒完沒了的待辦事項。

經營一家企業或是一個部門，也需要經常說「不」。你在職場的表現，應該比在私底下更強悍。別把情緒帶進職場，職場是談公事的地方，而且耗費的是你的時間。經常有人向我推銷寫作與演說的構想。我寫了幾本關於生存與救援的書，有了一點名氣之後，就有人找到我，說他們的故事絕對適合我寫進書裡。其中百分之九十九都被我拒絕，因為我希望我寫的書從頭到尾絕無冷場，而他們的故事並不符合我的標準。至於我沒有拒絕的那百分之一，我也會深入研究，其中大約有一半感覺不太對勁。也就是百分之九十九．五的故事被我拒絕。只要拒絕過幾次，就不會覺得困難。要尋找寶石，就要捨棄許多普通的老石頭。

另一位我認識、也比我更成功的作家，在專心寫作的時候，會隔絕每一種干擾。他拒絕每一場能賺進高額演說費的邀請，每一個協助募款的邀約，以及每一個訪問邀約。他要等寫作告一段落，才會抽空做這些事。他寫作是全心投入，眼前的作品就是他生活的全部，他不想把精神花在別的事情上面。無論你在做什麼事、為你的部門設定了哪些目標，都要心無旁鶩持續努力，摒除其他的邀約。

還有一種方法，是暫時拒絕你沒時間接受的生意機會，畢竟也許你在未來某一天會需要這些機會。如果有人邀請我演講，而我正好有其他更重要的事情要做，我會說：「我現在沒辦法，你的資料我會留著，等我哪天有空再跟你聯絡。」也許我會向此人介紹一位演說事業剛起步的講者。如此一來，每個人都受益。有時候答應一部分，也能有好結果。最近有人邀請我編輯一份稿件，也請我報價。我那陣子碰巧比較忙碌，所以我向對方說：「我可以花十小時審稿，把我認為需要調整的地方，寫成三頁的摘要給你。但我沒辦法逐字逐句編輯。」稿件的作者欣然同意。

顧客

你的企業剛開始營業的時候，你想吸引顧客，所以會常常說「好」，但等到生意上了軌道，你的重點就會放在留住最好、最重要的顧客。那要怎麼做呢？要專注在最重要的事情上，向其他會讓你分心的事情說「不」，就能專心經營你的產品或服務。我要是覺得忙不過來，就會假裝我是美國總統。總統要被國家遭遇的每個問題接連轟炸，該有多不容易啊。會做事的總統會把該做的事情列出來，先處理他們認為最重要的事情。有那麼多事情，那麼多人爭搶他們的時間，他們是如何做到專注？他們有幕僚長。在你的企業或是部門，你必須擔任你自己的幕僚長。我管理保險公司的一個部門，後來又經營自己的演說與寫作生涯。每一天告一段落之後，我都會扮演幕僚長的角色，寫下明天要完成的最重要事項。這個簡單的舉動，就能讓我專心在重要的事情上，不會被接連浮現的事情引開注意力。

等到你訂出了合理價格，也就是你自己能獲利、也能吸引顧客的價格，還是會有潛在客戶與你議價。我發現最好堅守你認為合理的價錢。UPS執行長卡蘿．湯梅接受《華爾街日報》訪問時表示：「顧客要是不能接受我們的價格，寧願離開我們，那我們只能祝福。」這篇訪問的標題是「這位UPS執行長倡導『不』的力量」，內容闡述湯梅將經營重點轉向盈虧，淘汰對獲利貢獻較少的顧客。她的目標是讓公司「更好，而非更大」。你應該也想跟她一樣。

在《華爾街日報》的同一篇訪問，湯梅也展現她對待員工的彈性。她擔任執行長的最初六個月，與各部門的員工談話，「問他們哪些有用，哪些沒用。」她與員工談話，發現公司的儀容標準很嚴格，「不准留鬍鬚，也禁止爆炸頭、髮辮這些常見的黑人髮型」，所以很難留住非裔美籍員工。湯梅放寬這些規定，以「展現多樣性，而不是企業的限制」。這一點很值得我們所有人學習：要參考前線員工的意見。

談判

無論是你的公司，或是你自己私下要買一件昂貴的東西，在談判過程中，我覺得談到最低價格的最有效辦法，是在拒絕的同時，也做好抽身離去的準備。在大多數的情況，壓力是在賣方，而不是在買方身上。賣方通常會急於在固定的時間內完成交易，所以賣方通常會說：「限時優惠」。身為買方，你必須展現能抗壓的紀律，就有可能談成更划算的價格。我覺得你不應該因為受到壓力，或是一時衝動，或是受到「此生難再得」的優惠引誘，就花大錢。在大多數的情況，這個東西你今天不買，明天還是買得到，而且往往還會稍微便宜一些。

我這輩子到現在，大概買過二十台新車。我發現「我們家的最殺優惠」往往是騙人的。一般而言，我越是拒絕，價格就越低。等到賣方拒絕**我的出價**，就代表他們已經接近能賣出，還能有些許獲利的最低價格。

找到最低價格的過程，就像我之前所說的，如何知道你在職場的價值的過程。有時候要知道自己在職場的價值，唯一絕對有效的辦法，是到其他公司面試。買東西議價的道理也一樣。你跟不同的經銷商談，就能探知最低價格。你在過程中是在偵察、也在蒐集資訊。賣方越是採取高壓手段，我就越不信任。（有一次我的疑心還成真，因為到了要簽字的時候，我發現合約上的價格，與對方的口頭報價不同。）

休息時間

小企業主最大的錯誤之一，是被工作吞噬。你必須向夜以繼日地工作說「不」。我的經驗是這樣的：我會刻意抽出時間遠離工作，往往是前往我在佛蒙特州北部山區的偏僻小屋。那是我四十多年來的避難所。我最近發現科技入侵了這個神聖的空間。我的手機能顯示電子郵件，可想而知看信的誘惑有多大。但我還是立下規矩：別把那該死的東西打開。我提醒自己，我到避難所來是想放下工作，好好思考。我來這裡不是要處理行政工作。也許我在小屋也會寫作，但我的重點是游泳、騎單車、健行，以及砍柴。我不希望手機干擾我與大自然的交流，打破獨處帶給我的內心平靜。

找到你能擺脫電子裝置的地方，去那裡幫你的心靈充電。電子郵件與挑戰會在公司等你回來。你是你公司的主人，不要讓公司成為你的主人。

我認識的許多成功人士，工作時間並不會比大多數人長。他們知道，抽出時間好好運動、睡眠，工作表現會更好。他們並不是工作狂，只是做事比別人有效率。他們會留意自己工作的時間如何分配，對於私人時間的分配也會留心。他們也不會忽略度假的重要性。重要的是精力與熱誠，而不是花多少小時工作。你的熱誠是會傳染的，顧客也會愛上你的熱誠。

試試看：

- 寫下你的企業、或你的職業生涯的首要目標，你就不容易因為受到壓力、勸誘與逼迫，而把精力用在別的地方。遇到別人的請求，要問自己：「做這件事對我的首要目標有幫助嗎？這件事情長久而言很重要嗎？」如果答案是沒幫助、不重要，那就拒絕。要列出首要目標，而且要以首要目標為重。
- 永遠要記住，大多數工作所需要的時間，至少是你估計的兩倍。了解這一點，往後你承接新工作，就能訂出合理的價格，也會懂得避開你覺得薪酬不合理的工作。
- 在談判的過程中，不要困於當下。除非你做了功課，真正了解合理的價格，否則不要覺得一定要把握當下，不然「優惠」就沒了。應該要沉著、冷靜，不被情緒左右。無論是誰提出條件，都應該給你足夠的時間思考。就我的經驗，你只要說：「謝謝，不用了。」十次有八次能拿到更大的優惠。

• 不只是做生意，你的人生許多方面都能實踐八二法則。我在寫這一章的時候，不由得覺得好笑，因為我在熱愛的釣魚上，就沒有實踐八二法則。我有一大堆釣魚用的誘餌，但最有效的大概只占百分之五。那我幹嘛還把其他的搬來搬去？我慢慢淘汰效果不好的誘餌，也以更好的方法使用那些效果最好的誘餌。也許最棒的是，我不去追逐市場上每一款「最新、最好的」誘餌，就能省下幾百美元的開銷。

思考自行創業

你效力的公司是否讓你壓力太大？

你是否後悔從事現在的行業？

你是否接近退休，卻需要更多的錢？

以上三個問題，如果你任何一題的答案是「是」，那就該有所改變，而且永遠不嫌晚。我有個朋友，歷經法學院、律師資格考試、在大型法律事務所工作的種種磨練，結果發現當律師並不快樂。他並沒有覺得陷入困境，而是思考他喜歡做的事情，也就是營造。他想起他以前曾在一家全國木材公司擔任代表，很喜歡這份工作。他存了錢，當了幾年的律師後，買了一個木材場，從此開開心心過日子。

我逃離保險業的速度，比我這位律師朋友慢。我是慢慢轉型，首先兼職寫作，後來又在保險公司兼職工作，經過很多年，才改為全職作者與講者。你也可以這樣做。先存一筆錢，找一份時間有彈性的兼職工作，就能慢慢發展新的職業生涯，或開設新公司。我有幾位朋友甚至將嗜好變成職業。當然轉變的過程會很緩慢，需要犧牲一些東西，一開始也要減少開支，但每天早上醒來就能做自己喜歡的事，還有酬勞可拿，確實是件美好的事。如果你決定朝這個方向前進，盡量多參考相關轉型經歷的人的經驗。若有機會，亦可請教你想踏入的領域的從業人員。

寫下這一章對你最有幫助、你也願意每天實踐（或是經常實踐）的一項心得。

向恐懼與擔憂說「不」

這一章並不是要大家消滅恐懼與擔憂，因為誰都難免會經歷這些情緒。我們的重點是要妥善處理這些情緒，盡量減到最輕，並且以正確的觀點看待。我們不要成為恐懼與擔憂的**囚徒**。我們的目標是儘管擔憂恐懼，也要正常運作，同時要盡量降低這些情緒的影響，而不是消滅這些情緒。

除了人身安全受到威脅的那種原始恐懼外，大多數的恐懼，通常是我們抗拒改變與不確定性的內建機制。但與其逃避恐懼的情緒，還不如接受它，找出根源。一旦找出根源，就要開始平息恐懼。要問自己：「這件事情二十年後還重要嗎？」最壞的情況會是如何？可能根本不會發生，但就算發生，你也有能力處理。也許你已經忘記了，但其實你以前也經歷過同樣可怕的事情，也安然度過。

在多項意見調查中，始終高居前幾名的恐懼，是公開演說。我要坦白招認：這也曾經是我的恐懼。你看到這裡大概覺得：「等一下，這位作者不是一再提到，他是作者**也是**職業講者嗎？」是這樣沒錯，所以我才要分享我對於公開演說的恐懼，要讓大家知道我正面對決恐懼、努力扭轉恐懼的成效。我感到自豪的是，我並沒有因恐懼而不知所措，也沒讓恐懼主宰我的人生，而是將恐懼化為克服恐懼的有意義行動。你也能這樣做。大學時代的我，會刻意不選需要口頭報告的課。我有幾次緊張到無法發揮的慘痛經驗，所以我就跟大多數人一樣，極力避免悲劇重演。後來我在企業任職，發現再也無法迴避口頭報告，於是我做了一件對我自己，以及我的職業生涯最有幫助的事：修了一門公開演說的晚間課程。課程的學員涵蓋各年齡層，各種背景，但我們都有一個共同點：根深柢固害怕在眾人面前說話。

我們如何克服恐懼？直接面對加上練習。我們在課堂上經常口頭報告，跌跌撞撞完成迷你演說，一路上也得到講師與其他學員的鼓勵。我演說的次數越多，就越感到自在。幾年後，我的第一本書出版，我知道要宣傳新書，就得公開演說。當時我的演說技巧尚嫌生澀，但要把握每一個機會，因為我知道演說經驗越多，我就越有自信。累積一、兩年的經驗後，我反而會期待能上場演說，也發展出獨特的演說風格，從來沒用過筆記。快轉到幾年後。我是幾家演說公司的講者之一，也受邀到美國各地演講，收到的演講費相當豐厚。**我從害怕演說，到樂於以演說為業**。如果我能做到，那誰都能做到。恐懼是激勵我的力量。如果不是一開始對演說感到恐懼，我可能就不會去上演說課，也就不會累積演說的經驗，發展出演說的專業，進而有能力開設成人教育的演講班，實現幫助別人的心願。回顧過往，我覺得自己在恐懼中依然採取行動，才有了這段神奇旅程。無論你的恐懼是什麼，治療師、課程，還有你的決心，都能助你練習克服恐懼。

世上許多最勇敢的人，都大方承認內心的恐懼。但他們面臨危險的任務，並不會因為恐懼就動彈不得。我與另一位作者合著的作品《絕命救援》，講述美國海岸防衛隊史上最英勇的小船救援行動。我在寫作期間為了研究整起事件，與這起行動的英雄人物伯尼·韋伯多次通電話。伯尼屢次告訴我，對於要登上十一公尺的木船、進入暴風雪肆虐、十二公尺深的海域，他感到恐懼、慌張、擔憂，覺得自己接到的是「自殺任務」。但他當初加入海岸防衛隊，就是為了拯救生命。在這起救援行動，三十三位船員受困於斷裂且正在沉沒、即將滅頂的油輪上，所以伯尼知道自己非去不可。在救援過程中，他專注在眼前的每一項工作，盡量不去想船員全數獲救的可能性有多低，因此沒有被恐懼吞沒。伯尼沒有因為恐懼而膽怯。他接受心中的恐懼，卻也成功完成任務，成為海岸防衛隊最偉大的英雄之一。

關於恐懼，我想說的還有最後一點。別因為恐懼就甘願沉默，讓自己淪為懦弱的局外人。馬丁·路德·金恩談起他那個年代最殘酷、種族隔離最嚴重的城市，也提到這種陷阱。他寫道：「伯明罕當然也有正直的白人市民。他們私下譴責黑人遭受的苛待，但在公開場合卻不願出聲。這種沉默來自恐懼，唯恐受到社會、政治，以及經濟上的報復。伯明罕最大的悲哀，並不是壞人有多殘酷，而是好人的沉默。」

擔憂

擔憂是恐懼的姐妹。所謂擔憂，就是我們擔心可能會、也可能不會發生的事。我們擔憂的事情，往往並非我們所能控制，因此擔憂未來的事情是無益的，終究是浪費時間。

下面這句話以比較輕鬆的態度看待擔憂，而且擲地有聲：

> 我經歷過一些很可怕的事情，有些還真的發生過。
>
> ——馬克・吐溫

我們來看看一個例子。你擔心會遲到，所以開著車在路上狂飆。為了準時抵達，就拿性命冒險，值得嗎？當然不值得！那你要怎麼讓自己平靜下來？辦法很簡單，等你到了目的地，才算遲到。換句話說，你擔憂的事情根本都還沒發生，而且可能根本不會發生。

這本書的重點，是要告訴大家如何拿回自己的時間。我覺得最荒唐的事情，莫過於把你的時間與精力，耗費在自己無法控制的事情上面。萬一你就是忍不住要煩惱怎麼辦？那就要想想你恐懼的、擔心的是什麼，想想事情要是真的發生，你能如何減緩衝擊，然後就別再多想。（也可以告訴自己，**等待事情發生，我再來煩惱。**）

擔憂還有另一個毀天滅地的副作用，就是會浪費你當下的時間，所以你也該盡量避免擔憂。擔憂的你，心思會飄到一個幻想出來的負面未來。而且，你擔憂「萬一」會發生的事情，就會錯過當下。你若發現你置身在這艘「救生艇」上，朝著憂慮漂去，那就要拿出船槳，調轉方向。要調轉方向，就要投入能讓你的大腦忙碌的事情。無論是閱讀、運動、園藝，打電話給朋友，或是任何需要花心思的事情，都可以幫助你打破擔憂的循環。我敢說人類是地球上唯一會擔憂的生物，其他生物都**存活**在當下。我們也可以。

試試看：

- 你發現自己在擔憂，就要對自己說：「**我在浪費時間，為了一件可能會發生、也可能不會發生的事情，弄得自己動彈不得。**」然後趕快幫心靈轉台。
- 如果你擔憂的是另一個人，那就停止擔憂，直接與此人聯絡，看看你可以如何幫助此人。擔憂是幫不了別人的！
- 不要相信「擔憂是正常的，表示你在乎某人」那套洗腦文化。應該要專注在你能控制的事情上面。擔憂並不能改變任何事情。你一旦開始想一大堆萬一會發生不好的事情，就要有所警覺，馬上告訴自己「無論發生什麼事，我都會竭盡所能處理。」然後拋開擔憂。

若有下列情形，代表恐懼已經成為你的阻礙

你是否因為害怕孤單，所以寧願維持惡劣的關係？

你是否害怕換工作的不確定性，所以寧願繼續做著沒有前途的工作？

你不接觸新的嗜好、運動、活動，因為擔心自己表現不好。

你害怕未知，所以不肯前往新的目的地。

你刻意迴避某些可能會引發衝突、令人不快的話題。

寫下這一章對你最有幫助、你也願意每天實踐（或是經常實踐）的一項心得。

「不」與你的錢

天底下很少會有「現在一定需要」的東西。你若已經擁有食物、衣服、住所，以及交通工具（無論是你的車子還是大眾運輸），那看似「必不可少」的東西，其實是可有可無的。

我希望大多數正在看這一章的讀者，並不需要這章介紹的許多訣竅與訓練法。但美國人的財務相關數據顯示，我們還有很長的路要走。

向債務說「不」

最好依據你自己的財務狀況，以及偏好的生活方式，思考要買房還是租房。若決定要買房，那房貸是唯一對你有好處的債務。你是在逐漸累積資產淨值，而不是付房租給陌生人。除了房貸之外，其他所有的債務都形同財務上的自殺。利率過高的信用卡債，是一旦陷入就再難翻身的黑洞。（Nerd-Wallet 理財公司表示，承擔信用卡債的美國家戶，平均一年支付一千三百美元的利息。）在各種債務當中，信用卡債通常是最糟的一種，因為利率較高。若你每月月底無法繳清信用卡帳單，那就別再使用信用卡。「先買後付」是傻瓜會幹的事情。你現在若是無法全額買下你想買的東西，那就等到你有能力再買。

如果你已經債台高築，那就趕快向非營利的消費債務顧問求助，想辦法逐漸減少債務。辦法之一是先償還利率最高的債務，把利率最低的債務留到最後處理。或是再申請一筆貸款，利率低於你目前所有的債務，用這筆貸款付清你所有的債務，再定期償還這一筆貸款。

向「我以後會存錢」說「不」

愛因斯坦屢次說過，「複利」是宇宙最強大的力量。是不是宇宙最強大的力量，我不敢斷定，但無論你選擇哪一種投資工具，你越快開始投資，時間就越會站在你這邊。不僅是初始投入的本金，連本金賺得的收益，都能一併累積獲利。

最好能有具體而務實的存錢習慣。舉個例子，你剛展開第一份工作的時候，也許只能存下收入的百分之三。等到你加薪，或生意更好時，能存下的百分之三金額就會更大。更重要的是，隨著收入增加，你還可以將儲蓄的比例，從百分之三提高到百分之四，再提高到百分之五，不斷適度提高。設定自動儲蓄，每週從你的薪水或存款帳戶直接扣除要儲蓄的金額，也是一種開始儲蓄、持之以恆的好辦法。如果你任職的公司提供４０１Ｋ退休金計畫，你每月可以提撥一部分的薪水到退休金帳戶中，而公司也會提撥，只是金額可能會低於你自行提撥的金額，那你若是不懂得提好提滿，就太傻了。如果你是自營工作者，也有很多儲蓄的途徑。我最喜歡的是 Roth IRA 退休帳戶，裡面的錢會長大，還可以免稅。這本書並不是一本探討投資的書，但我認為若是尚未具備基本理財知識，最好到圖書館借閱給理財初學者看的書。

說到股市，研究顯示緩慢穩定最能獲利。我所謂緩慢穩定，意思是定期定額買進股票（最好透過你的４０１K或是 Roth IRA 帳戶）。這叫做平均成本法，意思是無論價格為何，每週都固定買進。如此就可避免在市場高點投入所有資金，再眼睜睜看著股價暴跌。我曾經以為我能判斷出何時是適合買進的市場低點。我也以為我能看出市場何時處在不合理的高點，是賣出的好時機。結果卻是災難收場，因為我太早賣出，錯過了幾年的牛市。哪怕是整天浸淫在股票市場數據的專家，也很少能抓準投資股票的時機。

財務自由是一小步、一小步累積出來的，拖延則會讓你困在原地無法開展。有些人說現在的支出太高，所以無法開始存錢。但仔細研究他們的開銷，就會發現只要刪去一些會帶給你小小快樂的項目，就能省下一筆錢。例如什麼？也許你每天都到餐廳外帶午餐，不妨試試自己做午餐，每天就能省下六美元。也許你覺得八美元並不多，但八美元乘以你一年上班的天數，再乘以十年，再考量將這筆錢拿去投資，每年報酬率百分之五，看著愛因斯坦說的複利力量發威。其他可以節省的開支，包括你付出高額訂閱費，卻很少收看的有線電視加購方案、你花錢買卻很少穿的十雙鞋子、你很少使用的健康俱樂部會籍、最新的電子小玩意、花大錢度假，放鬆程度卻還不如待在家裡，或偶爾一、兩次當天的來回旅遊。你只要用心尋找，就能找到不少能節省的開銷。要向財務困窘說「不」，向財務獨立衍生的美好自由說「好」。

住宅房貸

我先前說過，住宅房貸是一種良性債務，但你還是應該加速還款，盡快繳清房貸。許多年前我買了第一間房子，我請銀行把分期償還時間表寄給我。天哪，真是開了眼界。我看了才知道，一開始的幾年，我還款絕大多數都是償還利息，而非本金，但過了幾年之後，就會顛倒過來。於是我在一開始，就額外先償還幾次貸款本金。這樣一來我的還款時程就能超前，也就是說我提前還款，就能省下幾個月的貸款利息。簡單講，我額外償還貸款本金，不僅縮短還款時程，還能省下幾千美元的利息。你用十五年還清房貸，而不是三十年，也能節省不少利息。用十五年還清房貸的唯一缺點，就是你每個月的還款金額會比較高，而不是在有額外的閒錢的時候，才多還一些。

理財顧問很少會建議別人把房貸還清，因為他們更看重房貸利息能扣抵的少少稅金，也主張因為房貸的利率很低，與其清償房貸，還不如把錢拿去投資股市，報酬率還比較高。如果股市上漲，這樣做確實划算，但萬一遇到長期熊市，那可就得不償失。但理財顧問常常忽略的重點，是擁有一間沒有貸款、完全屬於自己的家的自由感。無論經濟景氣好壞，無論工作狀況如何，**你家的主人是你，不是銀行**，而且不必每月償還貸款，遇到經濟下修也能安然度過。而且股市充滿未知，額外償還房貸本金則是穩賺不賠，還可以得知究竟省下了多少利息。即使你不確定該怎麼做，或是根本沒有閒錢可以加速還款，也一定要請銀行把分期償還時間表寄給你，而且要常常檢視。往後你就會有動力多償還一些貸款本金，免得支付大筆利息，同時更快還清房貸，真正擁有自己的家。（你開始額外償還房貸本金之前，記得要先自行提撥401K退休金帳戶，而且提撥的金額至少要與公司提撥的金額相同。我每次聽見有人不這樣做，都會很驚訝，我會向對方說：「你會拒絕加薪嗎？你不自行提撥，就等於拒絕加薪。」）

理財顧問

如果你要與合格的理財顧問合作，最好選擇一位收取固定費用的，最好是收取鐘點費，而且與你見面一、兩次，就能告訴你費用是多少。這一類理財顧問必須承擔法律上的信託責任，要顧及你的最佳利益，而且不能與你有利益衝突。如果理財顧問說你不需要支付費用，那你應該有所警覺，因為那代表他們賺的是手續費，而且八成會拿你的錢，投入能付給他們大筆手續費的投資工具，不會以你的最佳利益為重。理財顧問要是向你特別推銷某項產品，那就快逃吧。

與其把錢花在理財顧問上，目標日期基金也許是更好的選擇。隨著你的退休日期逐漸接近，目標日期基金會轉而投資較為保守的工具。目標日期基金的投資概念是，你的年齡越大，虧損之後能反彈的年數就越少，因此應該降低投資風險。

談判

遇到談判，你必須做好抽身離去的準備，而且最好能有不只一位收購者或買家。買車就是一個例子。你挑好了品牌與車款，不要聽到第一位經銷商所謂的「最優惠價格」，就同意成交。最好先上網做功課，到另一家經銷商，看看他們的最優惠價格又是多少。他們若問你願意花多少錢買車，你就講一個低到不行、對方絕對無法接受的金額。然後再找第三家、第四家經銷商，繼續比價。你很快就會了解最低價是多少。賣方會催促你把握現在的優惠，再猶豫優惠就沒了。就我的經驗，優惠很少會消失。銷售人員只要還能賺取少量的佣金，經銷商也還能獲利，他們就很樂意繼續談判。

不只是買車，任何大額採購，比價都是王道。

向「我現在需要這個」說「不」

天底下很少會有「現在一定需要」的東西。你若已經擁有食物、衣服、住所，以及交通工具（無論是你的車子還是大眾運輸），那看似「必不可少」的東西，其實是可有可無的。等你能買得起再買。更理想的是花些時間思考，是否真的需要這個東西。推遲大額採購也許對你有好處。問自己：「這個東西我真的會用、會喜歡嗎？」我們都曾衝動購物，那些東西現在只能擱在壁櫥、車庫、地下室的角落積灰塵。大多數的美國人家中堆放不少雜物，背後是有原因的，其中很多都是大家用了一陣子，就束之高閣的東西。

無論是在實體商店購物，還是上網購物，避免衝動購物的方法之一，是準備好你**真正需要的東西**的清單，不要買清單上沒有的東西。這需要紀律，但很快就會形成好習慣。當然，如果你很有錢，沒有負債，未來的財務也穩固，那不妨買點能讓自己開心的東西。我想要的這類東西並不多。我感到很幸運，自己並不想要更多的東西。我也記得班傑明．富蘭克林的名言「財富多煩惱也多」。

《美好生活》的作者海倫．聶爾寧與史考特．聶爾寧的觀念與富蘭克林雷同。他們認為我們受到美國的消費體系奴役，「唯有將需求降至最低，才能擁有真正的自由。」

擁有更多東西並不會讓你快樂。要向立刻購買的衝動說「不」。最好先等幾天，如果幾天之後，想買這件東西的欲望依然強烈，那就買吧，但必須要能全額付清才買。

向不停送禮說「不」

假日與生日往往充滿了沒完沒了的商業主義，不妨將慶祝方式簡化，例如交換比較便宜的禮物，或是把陪伴當成禮物。我跟我的至親說過，不要覺得一定要買禮物給我，可以把陪伴當成禮物送給我。有一位家人製作了我們前一年一起出遊的紀念冊，以照片和說明文字記錄這些回憶。另一位精心製作了附有插圖的生日卡，逗得我連笑五分鐘。還有一位說要帶我上他們的船，出海釣魚去。這些誠意滿分的禮物，遠勝過我的至親浪費原可用於理財的金錢，購買我不需要的東西送給我。

試試看：

- 我在這一章，只談了些理財的皮毛，所以最好找一本探討個人理財的好書參考。高中及大學應該開設理財必修課，因為人人都需要理財知識，但可惜的是，個人理財的課程相當稀少。
- 在交易過程中，若是覺得受到逼迫，或是對方強力施壓，就要說「不」。他們是利用你唯恐錯過的心理。其實你大可慢慢做功課，購買的機會還是會在。

- 對方若說你現在不買，期限過了優惠就沒了，那就別買。在大多數的情況，優惠並不會消失，或者你思考一段時間之後，也可向另一人購買。
- 若有人向你推薦報酬率超高的理財產品，所謂超高的意思是遠高於你朋友的投資報酬率，那你應該有所警覺。印得小小的字通常隱藏著魔鬼。如果你看了覺得「好到不真實」，那大概就是騙局。
- 我們遲早會遇到另一次經濟衰退，這就跟晝夜交替一樣正常，但若是能預先儲蓄，減少債務，做好準備，不就可以安然度過，無須恐懼？

寫下這一章對你最有幫助、你也願意每天實踐（或是經常實踐）的一項心得。

如果提出請求的是你

除非你開口，不然答案永遠都只會是「不」。

這會是小而美的一章，因為不是要教你說「不」，而是要教你如何讓別人對你說「好」。很多人不願意請人幫忙，因為覺得會被拒絕。其實不應該這麼想，只要你的請求不會太難辦，很多人都有誠意幫忙。

你應該把這句話當成座右銘：「除非你開口，不然答案永遠都只會是『不』。」即使直接提出請求，也很少會有後遺症。對方可能答應，可能拒絕，也可能說不一定，所以你提出請求，自己並不會有所損失。

我來說說我三個月前的經歷。有位陌生人透過我的網站，向我訂購一本書。我注意到她住在某個海灣附近的街上，我熟悉那片海灣。我一時興起，寄了一封電子郵件給她，問能不能把我的小艇，停靠在她家的海灘上，方便接下來的兩週使用？那時是夏天，海灣有不少條紋鱸聚集，是釣魚的好去處。她說沒問題。我把我的小艇帶過去，放在她家後面。接下來的三個月，我每次使用小艇，她正好都在家，我們結為好友。我每次開車過去划小艇，都會帶一份小禮物給她：我寫的書、我家菜園的黃瓜與番茄，甚至還有我划小艇出海，釣到的鮮魚魚肉片。我提出一個小小的「請求」，就能結交新朋友、快樂釣魚、游泳、划小艇。這位女士也得到了友誼與快樂，知道她答應我的請求，如同帶給我快樂。（而且她答應我的請求，並不需要付出時間，也不會造成她的不便。）

回頭想想這件事情，我覺得我應該一開始就說：「我借用妳家海灘，也會送新鮮蔬菜、偶爾還會送魚肉片給妳。」聽起來會客氣一些。有些請求是需要送禮表達感謝，有些則不需要，你只要說出你的目的，再說明需要對方怎麼幫你就行。再說一次，大多數的人都心地善良，你也會感到意外，原來只要你的請求不會占用別人太多時間，就會有很多人樂意幫忙。

如果你是提出請求的一方，那切記要有禮貌，要說清楚你需要別人幫你什麼忙，如果要別人付出時間，那也要盡量精準估計所需時間。我們已經知道，說「不」並不是自私、無禮的表現，所以別人要是拒絕你的請求，你也不該認為別人自私無禮。但不要不敢提出請求。畢竟你不希望人生當中因為沒有嘗試而遺憾。遺憾可以很重大：**我當初要是開口約我喜歡的人，現在的人生會是如何？我當初要是更努力爭取晉升，現在的職業生涯會是如何？**遺憾也可以是小事，但終歸是遺憾。要記住，大多數的人面對「人生有哪些遺憾」的問題，說的多半不是做了錯誤的決定，或是做什麼事情失敗，而是沒有嘗試某件事情，以及沒有把握機會。我們若是失敗，很快就會繼續往前走，但我們若是去想「如果當時勇於行動，現在會如何？」心則會刺痛好一陣子。

最後一個例子有點好笑。在我寫這一章的四天之前，到銀行去公證文件。我到了公證人的辦公室，公證人說需要兩位見證人，而且不能要求其他銀行員工見證簽署。我望向銀行大廳，問道：「那外面的顧客呢？」他說：「不必白忙了，顧客都是來去匆匆的。」他是暗示我不應該請顧客幫忙，但也沒明說不行。於是我從他的辦公室走到大廳，大聲說道：「不好意思，能不能麻煩兩位客人見證我簽署文件？只要一分鐘就好。」三位顧客當中的兩位轉頭看著我，遲疑了一下，對我說：「沒問題，等我們存完錢就過去。」

我回到公證人面前。他說：「哇喔，真沒想到。」我不曉得他沒想到的是我大膽請銀行顧客幫忙，還是銀行顧客會答應得那麼乾脆。但那些都無所謂，總之兩位顧客走進辦公室，見證了簽署過程，然後簽了他們的名字。我再三道謝，一位說：「小事一樁。」另一位說：「別客氣。」

別再不敢開口請別人幫忙，而且要記住，除非你開口，否則答案永遠都只會是「不」。

試試看：

- 下次你需要幫忙，要克服不敢、不願請人幫忙的毛病。要主動向幾個人求助，直到有人願意幫忙為止。
- 若想提升你與陌生人相處的自在程度，下次你在商店裡，或是在排隊的時候，不妨試試跟陌生人攀談，若是能主動提問，就更理想了。我敢說，在百分之九十九的情況，陌生人也會與你友善互動。
- 如果你求助的對象是個人，而且對方拒絕幫忙，試試看以有創意的方式繼續堅持，讓對方同意。我的作品《絕命救援》是《紐約時報》暢銷書。我在研究這本書的背景故事期間，打電話給故事的英雄人物伯尼．韋伯，詢問他是否願意受訪。他原本拒絕受訪。受訪挺費時的，他不想花時間，向一個陌生人述說他的救援故事。但我沒有放棄。我寄給他一本我寫的關於救援的書籍，等了一個月之後再打電話給他。我問他覺得這本書好不好看，他說好看。我問他願不願意與我合作，寫他的故事，他說不願意。後來我怎麼做？我寄給他另一本我寫的救援書，又等了一個月再打電話。我再度邀請他合作，這次他說：「先試試看吧。」我們彼此逐漸熟悉，原本的試試看，也發展成長期合作與友誼。他的女兒後來私下對我說，伯尼打電話給她，對她說類似以下的話：「這位作家麥可·托吉斯執著得很，不過我看得出來他很有熱誠，也很堅定，所以我答應跟他合作。」

寫下這一章對你最有幫助、你也願意每天實踐（或是經常實踐）的一項心得。

歷史上著名的「不」，以及秉持信念說「不」，卻付出慘痛代價的例子

我們討論過「不」的力量能改變我們自己的人生，但我也想介紹幾個堪為表率的「不」，有些是歷史上著名的例子，有些則是源自深厚的信念，卻也讓說「不」的人付出慘重的代價。這些歷史上的「不」告訴我們，不想被不公義打倒，就要堅定立場。

大多數人都熟悉馬丁．路德．金恩的「向華盛頓進軍」以及「賽爾瑪至蒙哥馬利遊行」。但他其實在更早之前，就斷然向不公義、延遲，以及猖獗的歧視說「不」。當時他因為未經許可在伯明罕組織主張平等權利的非暴力遊行，因此被捕並遭到單獨監禁。在他單獨監禁期間，一群白人牧師寫了一封公開信給他。這

封信在報紙刊出，內容是呼籲金恩結束示威遊行。金恩決定回信。我認為他的回信，是一則鏗鏘有力的「不的宣言」。他表達出不接受現狀，也不願延後遊行的心聲。他對抗那群向他施壓的白人牧師的決心，令人動容。他寫了一封長信，回應要求他停止遊行的白人牧師，以下是內容摘錄：

對於伯明罕之事，身在亞特蘭大的我豈能袖手旁觀，無動於衷。這世上一處不公義，即有可能處處不公義。諸位對於伯明罕的示威遊行深表痛心。但恕我直言，諸位在公開信中，對於遊行之所以爆發的緣由，卻並未如此關切……美國各城市中，大概就屬伯明罕執行種族隔離最為不遺餘力。伯明罕種族歧視的斑斑劣跡人盡皆知。黑人在司法上承受極為不公平的待遇。伯明罕未破案的黑人住宅與教堂炸彈攻擊案，數量高居國內各城市之首。

白人牧師呼籲金恩延後示威遊行，待至更合宜的時機再登場。金恩也在信的後段回應。他斷然拒絕：

慘痛的經驗告訴我們，壓迫者從來不會主動給予受迫者自由。受壓迫者的自由是自己爭取來的。坦白說，我所參與過的直接行動運動，看在那些從未被種族隔離的弊病荼毒的人眼裡，沒有一次是「正合時宜」。也許唯有那些從未親嘗種族隔離創痛之人，才會要別人「等待」。然而，兇惡的暴徒若是隨意虐殺你的父母，肆意淹死你的手足。心懷敵意的警察咒罵、踢踹，甚至殺害你的黑人弟兄姐妹。在當今富裕的社會，兩千萬黑人弟兄之中的絕大多數，卻困在貧窮的逼窄牢籠中無法呼吸。你想向六歲女兒解釋，為何她不能去剛才電視廣告上的公共遊樂園，自己卻突然結結巴巴，說不出話。你看著女兒聽見黑人兒童不得進入遊樂園，傷心得眼眶泛淚。你也看著自卑的烏雲逐漸籠罩她的小小心靈，看著她不知不覺間漸漸憎恨白人，人格越發扭曲……忍耐終有極限，總會有忍無可忍的時候，再也不願被推入絕望的深淵。諸位，我們勢在必行，無法再等，實乃合情合理，尚祈理解。

真是個擲地有聲、有理有據、不卑不亢的「不」！我真心建議各位讀者閱讀金恩博士的信件全文。這是對抗不公、崇尚自由的終極宣言。

金恩博士是在一九六三年寫上述這封信，但早在更早之前的一九五五年，蘿莎·帕克斯就決心不再忍受種族隔離的屈辱。在蒙哥馬利的公車上，有人要她讓座給剛上公車的一位白人男性乘客，她以平靜又不失尊嚴的方式拒絕。她不肯讓座。公車司機堅持要她讓座，但她明知自己會被逮捕，也堅持不讓座。不讓座的決定是臨時起意的，她再也無法接受她自己以及黑人同胞所承受的不公。她不需要解釋她為何不讓座，也不需要大喊大叫。她只是不肯走開，堅持站在公車後座。金恩博士後來表示，她的「拒絕」是「尊嚴與自尊之舉」。帕克斯是如此解釋她的理由：

我們受到這樣的苛待，根本沒道理。我已經厭煩了。

帕克斯不願讓座的舉動，激勵了蒙哥馬利當地的黑人族群。金恩博士、埃德加．尼克森、拉爾夫．阿伯內西牧師等領袖群起響應，發起了一場罷公車運動，讓更多人意識到黑人遭受的不公待遇。金恩博士說，這場罷公車運動是「大規模不合作運動」。帕克斯與金恩知道自己的行動是正確的，但悲哀的是，金恩的住家還是在兩個月後，遭受種族主義者的炸彈攻擊。帕克斯與丈夫被公司開除，也收到死亡威脅，不得不搬離蒙哥馬利。但她敢於說不，也勇於承受後果的勇氣，讓全世界注意到種族隔離的弊病，以及黑人受到的不公待遇。

一九六二年十月，冷戰高峰期間，負責偵察古巴的一架U－2偵察機發現，蘇聯軍隊偷偷在古巴裝設核飛彈。美國總統甘迺迪立刻召集包括軍隊在內的政府各部門，組成顧問團隊。這個名叫「國家安全委員會執行委員會」，簡稱ExComm的團隊，在第一次緊急會議達成共識，認為必須以軍事行動，破壞蘇聯設置在古巴的核飛彈。甘迺迪表示：「我們絕對要做（空襲），要破壞那些飛彈。」其他人則是建議更強烈的行動：先轟炸所有位在古巴的古巴與俄國軍事基地，再進攻古巴。就連總統的弟弟巴比．甘迺迪也認為，軍事攻擊是唯一的辦法。他說：「最好把事情弄完（戰爭），會有些傷亡損失也是在所難免。」

不過在接下來的幾天，隨著偵察機蒐集的情報越來越多，甘迺迪總統也漸漸明白，若是發動軍事行動，很有可能會掀起第三次世界大戰，還會引發核武大戰。他開始考慮其他選項。大多數的顧問，以及軍方的每一位首長，都力勸總統要採取強硬立場，貫徹原定的軍事行動。甘迺迪總統卻認為軍事行動不該是首選。他建議阻擋前往古巴的蘇聯船隻。

總統與顧問團在國家安全委員會執行委員會的會議上幾次討論，意見都無法統一。柯蒂斯．李梅將軍（美國空軍暨戰略空軍司令部總司令）反對總統的提議。他表示，除了發動大規模軍事攻擊，別無其他選項。李梅甚至出言辱罵總統的封鎖計畫，認為「簡直跟慕尼黑的綏靖政策一樣糟糕。」他指的是英國首相張伯倫對希特勒的綏靖政策。

幸好甘迺迪總統並沒有因為各方施壓而屈服。他沒有發動全面的軍事突襲，畢竟一旦發動攻擊，蘇聯也必將以牙還牙。他選擇封鎖與外交談判雙管齊下，避免世界落入核武戰爭的悲劇。

甘迺迪總統並不是唯一一個在古巴飛彈危機期間說「不」的人。令人意想不到的是，另一位避免核武戰爭爆發的關鍵人物，竟然是蘇聯潛艦的副艦長瓦西里・阿爾希波夫。當時他在由薩維茨基艦長指揮的蘇聯B-59潛艦上。潛艦在封鎖線附近的海域航行。艦上共有七十八名海軍，但其中只有少數幾位知道，艦上有一枚裝有核彈頭的魚雷，又稱「特殊武器」。

美國海軍驅逐艦與蘭道夫號反潛航空母艦偵測到位於下方的蘇聯潛艦。美國國防部先前曾告知蘇聯：「我們要是偵測到潛艦，就會投下警告性的深水炸彈，以宣告我們偵測到潛艦。屆時潛艦就必須立刻浮出水面，也必須遠離封鎖線。」但這項資訊並沒有傳達給每一位蘇聯潛艦指揮官，因為深水炸彈接連爆炸，精疲力盡的薩維茨基艦長也越來越不安。他並不知道那些深水炸彈是警告性的，也就是假的。潛艦上的軍人後來回憶道，深水炸彈的聲音聽起來像「大錘在敲擊金屬大桶」。薩維茨基擔心潛艦被俘虜，也不希望潛艦被摧毀，所以儘管潛艦電力吃緊，內部的二氧化物濃度又升高，他還是堅持潛行，不願浮出水面。攻擊持續了四小時，潛艦上的官兵覺得彷彿被困在「金屬大桶」內，被追擊的軍艦糾纏不休。

最後，薩維茨基艦長大怒吼道：「說不定戰爭已經開打了，我們還在這裡翻筋斗。我們這就轟炸他們！我們是會死，但死也要把他們全都擊沉。」他接著下令，準備發射核魚雷。要不是阿爾希波夫提醒，他們還無法確定戰爭是否真的已經開打，莫斯科也沒有允許他們發射核魚雷，薩維茨基說不定真的會發射核魚雷。最後薩維茨基聽從阿爾希波夫的勸告，覺得浮出水面才是穩妥之舉。後來，美國國防部長勞勃・麥納馬拉得知詳情之後，說道：「（核武戰爭）差那麼一點點就會爆發，比我們當時以為的還接近。」非政府組織國家安全檔案館前任館長湯瑪斯．布蘭頓說得更直白：「一個名叫瓦西里．阿爾希波夫的人拯救了世界。」

一個勇於說「不」、進而改寫世界歷史、造福人類的例子，是邱吉爾拒絕希特勒於一九四〇年七月提出的休戰提議。當時希特勒已經征服了許多歐洲國家，也重創英國。但他也清楚，入侵英格蘭要付出不小的代價。他也已經有攻打俄國的打算。他只要能讓英格蘭維持中立，就能鞏固自身的權力，還能集中資源攻打俄國。他若能順利拿下俄國，很有可能還會入侵其他國家，也許會解決掉英國，最起碼整個歐洲未來幾十年，都會在德國的控制之下。當時美國尚未參戰，希特勒只要解決英國這唯一的絆腳石，就有可能全面控制歐洲、俄國，以及北非。

以下是合眾國際社在一九四〇年七月十九日，從德國發出的關於休戰提議的報導：

希特勒明確表示，英國若拒絕他所提出的「講理」的要求，德國將對英國發動總攻擊。在他說話的同時，德國戰機盤據在不列顛群島上空，俯衝轟炸英國船隻。納粹表示這只是……入侵英格蘭行動的初步攻擊階段。

邱吉爾斷然拒絕希特勒的休戰提議。想想邱吉爾若是只圖省事，為了保護英格蘭，寧願與希特勒和談，甚至任由希特勒控制歐洲，後來的情況會是如何？邱吉爾當年若是屈服，希特勒的恐怖統治恐怕會延續到天荒地老。

歷史上還有其他無數敢於向現狀說不、進而改變世界的勇者，例如約翰·繆爾、哈麗葉·比徹·斯托。每當有人逼迫我做我不想做的事，我就會想起邱吉爾、馬丁·路德·金恩、甘迺迪這幾位勇者，效法他們敢於拒絕的勇氣。

寫下這一章對你最有幫助、你也願意每天實踐（或是經常實踐）的一項心得。

一些簡短的「不」

向長時間的傷心說「不」

沒有人的人生是一帆風順的，人人難免都會有遭逢重挫、傷心欲絕的時候。不少文獻都討論過悲傷與憂鬱的階段，也探討了治療方法。但我想跟大家分享的，是我所了解的**縮短**傷心時間的祕訣：

- 該記住的最重要一點，是**給自己時間**。要知道隨著時間流逝，你的心情會逐漸好轉。雖然你不見得會覺得自己一天比一天堅強，而是會覺得有所起伏。不過一般而言，等到較長一段時間過去，你會覺得自己比較能恢復，也比較沒那麼脆弱。
- 盡量勉強自己正常過日子，與親朋好友來往。你大概什麼也不想做，但還是要強迫自己走出家門。要弄假直到成真。要假裝正常過日子，盡全力熬過這段時間就好。

- 做有氧運動。你正需要有氧運動帶來的腦內啡。
- 一定要有支持團體。要主動與朋友，甚至是相識的人聯繫。不要以為他們都知道你最近的日子不是人過的。
- 要重視你的人生中的好事，一旦憂鬱開始占據你的心頭，要記得用我們在「向負能量說『不』」那一章介紹的自我對話，幫你的大腦「轉台」。
- 最後，如果幾個禮拜之後，你感覺憂鬱與傷心的情緒絲毫沒有減緩的跡象，那就務必找治療師，亦可考慮服用抗憂鬱藥劑，幫助自己度過難關。

向可能伴隨成功而來的陷阱說「不」

為何這麼多頂尖成功人士放縱自己，沉溺在酒精、毒品等事物而無法自拔？那是因為他們處在倉鼠滾輪上，肩負的責任沒完沒了，喜歡伴隨成功與名望而來的陶醉感，而且從來不會放慢腳步。

有朝一日你成功了，記得要成功也要平靜。你會受到各種邀約、建議、干擾的輪番轟炸。但你要記住自己當初是如何成功的：很有可能是因為你超級專注發展一、兩樣東西。你知道要想成功，就必須放棄一些東西，專注在能助你達成目標的事情上面。不要讓成功拉著你到處亂竄。要向一切違反你內心聲音的東西說不。要不惜一切代價避開倉鼠滾輪。

影星芮妮．齊薇格說過一句話，告訴我們要如何拿回自己的時間。「我被沒完沒了的責任與壓力困住，案子一個忙過一個，產品一個忙過一個。我應該停下來，才能了解自己，做事情也應該是為做而做。」齊薇格接受《美國退休人協會雜誌》採訪，闡述她對於老化以及控制的獨特見解：「我不覺得那叫老化，應該叫勝利才對。能夠說『不』，做自己向來想做的事，真的是一種樂趣。你不需要做到完美，只要開始朝著目標邁進，看看這趟冒險最終的結果就好。」

還有一個例子是史提夫．賈伯斯。《成功，從聚焦一件事開始》一書的作者在書中指出，賈伯斯回到蘋果之時，「很多人都知道，無論是他沒有生產的產品，還是蘋果生產的改變世界的產品，他都同樣感到自豪。」他簡化產品線，將已經推出以及開發中的產品，從三百五十種減至十種。賈伯斯說：「專注的關鍵在於說『不』。」

向氣量狹小的人說「不」

小題大作的人是浪費時間的祖師爺，對於這種人，要有嚴格的說「不」政策。我的意思是，不要上這種人的當，不要被他們誇大的言行吸引，不必理會他們。

氣量狹小的人最大的本事，就是專門把狀況搞得比實際更糟，還希望有人分享他們製造的不幸。如果你真的希望能自由，能有時間專心經營重要的事，就要將氣量狹小的人趕出你的人生。你知道我指的是哪幾種人：憑空發明繁文縟節，隨時有一堆苦水準備倒給別人聽，把五分鐘就能開完的會，硬生生拖到一小時。

我們很難想像這種人的動機，但要找出這種人不難，只要聽見埋怨就知道了。這種人往往被自己擁有的些許影響力沖昏頭，像個香蕉共和國的獨裁者，在影響力所及的範圍稱王。他們從來不懂得慎選戰場，因為戰場就是他們的生命。萬一沒有戰場，他們還會開闢新戰場填補空白，只求有人關注。

我以前有個老闆就是這樣的人。他指著我辦公桌上的蘋果，對我說，把蘋果放在辦公桌上，不是專業人士該有的樣子。我忍不住微笑，心想：我們花那麼多時間處理緊要的事情，他卻只在意表面功夫。我可是竭盡全力克制自己，才沒有說出他那條三十年的領帶該換啦！我也沒說，他偷溜出辦公大樓抽菸，也是一點都不專業，而且我的蘋果比香菸健康多了。我沒說這些話，只是把蘋果放進公事包，因為當時的我正在進行一項重要的專案，最不想要的就是捲入一場關於我的辦公桌上的蘋果這種小事的爭執。

我發現氣量狹小的人會製造壓力，幾乎什麼事情都喜歡拿來爭執，樂於開放他們瑣碎的世界。千萬別走進他們的負能量力場，應該保持低壓力的心態，很少開戰，也不會讓自己受到小事困擾。氣量狹小的人希望與你爭執，把你的注意力從重要的事情移開。只要迅速解決問題，或是如果可以的話，完全不理會這種人，他們就會像洩了氣的皮球，淡出你的人生。

你一定能想到一、兩個這種氣量狹小的人。如果你在自己的人生看到氣量狹小的跡象，要記得不要在意小事。你必須拒絕會啃噬你寶貴時間的人與事，**還要**適時認清自己是否把精力浪費在小事情上，這本書對你才會有幫助。要專注在真正有助於推動你的核心價值、實現你的目標的事情上面，也要適時制止自己把兩、三下就能解決的事情看得太重要。

向受害者情結說「不」

要記住，無論情況有多糟，你總能控制一樣東西：你的反應。要拒絕「我完蛋了」、「我怎麼會碰到這種事情」、「我是怎麼了」之類的反應，這些都反映出受害者心態。若是一直維持這種悲觀的情緒，久而久之不但難以恢復，五十五歲以上的人，認知能力甚至有可能因此下降。應該要接受問題，要知道別人可能也遭遇過類似的問題，將你的反應調整為「我能從中學到什麼？」、「這次的挫折能帶給我哪些正面的東西？」、「未來會有好事。」這樣的你不再是受害者，而是已經在反彈的過程中，非常清楚哪些新機會可能會出現。你在意的是正面的事情。

同時也要提醒自己，人生已經擁有哪些美好的事物，即使是最微小的樂趣也算。可以寫一本「每日感恩日記」，就會認為，**我很強大，有能力恢復**，而不是**我永遠恢復不了**。你的身分從受害者，轉化為問題的征服者。是，這需要時間，但你的目標是好好經營你的下一場冒險，下一段愛情，以及很有可能是最璀璨的下一個人生階段。

關鍵在於如何解讀重創你的事件。你是受害者，還是你會成為克服一切困難的勝利者？心理治療師與作家金姆．施奈德曼以《綠野仙蹤》的桃樂絲為例，提出兩種方法。受害者會聚焦在桃樂絲遭遇的負面事件：她的狗被帶走，然後她被龍捲風襲擊，更糟的是她還得面對法力強大來尋仇的女巫。施奈德曼提出故事的另一種解讀。她說，我們應該將桃樂絲視為「一個勇敢的女孩，克服了困難，了解人際關係有多重要，發現自己的長處，也懂得家的價值。」我想做的是第二種桃樂絲，而不是第一種。你應該也是吧？

而且你並不需要孤軍奮戰。匿名戒酒會指出，與經歷過同樣的戰鬥，或是正在戰鬥的人交流，是非常有益的。不僅能降低孤立感，一群人還能分享實用的點子。而且同樣重要的是，你更能同理那些努力克服困難的人。幾乎每個問題，都有一個能與你並肩作戰、一起克服的團體。若是找不到這樣的團體，亦可尋求可靠的治療師協助。求助絕對不是丟臉的事。治療師可以提供暫時的協助，而且與他人合作最大的好處，是你會更確定你走在正確的道路上。

想擺脫受害者情結、克服你的苦難，就不要浪費寶貴的精力責怪別人。別再追究了。要滋養自己、獎勵自己，展望更理想的人生。這需要時間，也需要不斷重複練習，但這種方法、反應，以及對問題的解讀對我來說很有用，對你應該也有用。

向逃避現實說「不」

太多人被動接受人生，不懂得主動塑造人生。想塑造人生，就要主動決策，而不是被動接受。什麼也不做，就等於決定維持現狀。有時明明跡象顯示有必要改變，我們卻忽視這些跡象，不面對問題，因為面對問題會感到不自在。但我寧願用一時的痛苦，換取長久的收穫，所以要直面問題，不要不理會，指望問題會自己消失。

向更多、更多、更多說「不」

我先前說過，你答應要做的事情，所需時間往往遠遠超出你的預期。威爾弗德洛里埃大學的羅傑．布勒所做的研究，提出一種更準確預估所需時間的方法。研究人員問一組學生，完成一份期末報告需時多久，幾乎每個學生的評估都過於樂觀，結果真正花費的時間遠遠超出預期。研究人員再問另一組學生類似的問題，但也鼓勵他們想想以前花了多少時間寫期末報告。這組學生估計的所需時間比較長，與實際所需時間的差距也大為減少。另外一個精準估計的方法，是先分解完成事情所需的所有步驟，再評估所需時間。

我之所以提到我們通常會低估完成一件事所需的時間，是想提醒大家不要馬上答應別人的請求。一天到晚幫別人的忙，並不是健康的生活方式。我們必須慎選要做的事，才會有時間放鬆。要向那些要你付出更多、再多，還要多的請求說「不」。你能付出的有限。

這個概念也適用於物質財富，以及我們在日常生活承擔的複雜事情。也許你要在高薪工作與超長工時之間做出抉擇。是，有了這份工作，你想買什麼都能買，卻唯獨買不到時間。有些人捨棄高薪，寧願要一份比較能正常上下班的工作，也懂得減少開銷。也許你並不介意放棄許多消費，換取較為簡單的生活，讓自由成為你最珍貴的資產。我在五十二歲那年，放棄了一份有漂亮頭銜的高薪工作，轉而投入收入較低、但每天能抽出兩小時享受大自然、沐浴在陽光下的職業。我前一份在企業的工作，上下班都是在天黑的時候。我問自己，**這樣值得嗎？**我的答案是不值得。我做出這個決定，至今也從未後悔。

梭羅曾說：「我偷了好多個上午，喜歡如此使用一天當中最寶貴的部分。因為我很富有，就算在金錢上不富有，也擁有大把享受陽光的時間以及夏季的日子，所以我大肆揮霍。」梭羅是簡單生活的大師，也深諳要拒絕某些枷鎖，以免對於物質財富的需求越來越高。你也許不想跟梭羅一樣極端，但不妨花些時間探索你的內心，找到合適的平衡。

直覺

永遠要傾聽你的直覺，直覺若是告訴你，你在考慮的事情不太對勁，那最好還是說「不」。我訪問過、也研究過一百多位曾經遭遇攸關生死的意外與狀況，最終倖免於難的人，發現其中很多人當時都有不祥的預感，卻沒有在意，也因此差點失去性命。

所以什麼是直覺？我的定義是，直覺是潛意識的線索，你一時無法形容，但還是能感受到這些線索引發的**感覺**。（這些線索通常在日後會明朗。）我做重大決定之前，會先列出利弊，但如果我的直覺強烈要求我「勇敢去做」或是「千萬別做」，我也會聽從，會重視直覺更甚於利弊。佛洛伊德對這個主題的看法很有意思，他說：「我始終覺得，要做的決策若是無關緊要，衡量所有利弊確實很有幫助。然而，要做的決策若是至關重要，那就應該交由潛意識、交由內心作主。」

如果你不確定該怎麼做，就盡量多爭取一些時間。但也不要反覆思考，而是先把問題放在一邊。先讓你的腦袋忙著處理與眼前的決策無關的事情，暫時抽離。你的潛意識就會有時間運作。很快你就能感覺到該怎麼做。這是因為你放慢腳步，沒有倉促決策。你先不急著決策，讓線索滲透到你的內心，直到你**知道**該怎麼做。這樣做要是無效，那就假裝選擇一個決定，不必告訴別人，過一陣子再看看你的感覺。你是很興奮，還是有一種揮之不去的不太對勁的感覺？現在你有了答案。要傾聽你的直覺！

信任你直覺的關鍵，在於要放慢速度，而不是勉強自己。內心的聲音通常會將你帶往正確的方向，但你必須夠平靜，才能聽見內心的聲音。

寫下這一章對你最有幫助、你也願意每天實踐（或是經常實踐）的一項心得。

結語

我們的旅程即將結束，謝謝你與我同行。現在你有了方法，可以拿回自己的時間，減少生活的壓力，找到通往自由之路。有了自由就能專注在對你來說最重要的人、活動，以及工作。這會很容易嗎？我的答案是，如果你決心實踐這本書介紹的方法，久而久之就會越來越容易。熟練之後，善用時間就會變成你的第二本能。

當然，這一路上會有顛簸，但不繼續努力才是真正的失敗。如果你從小到大都習慣答應每個人的要求，那改為婉拒的過程難免會有挫折。這是免不了的。等到你掌握了奪回自己時間的方法，要仔細留意你的感受。你有更多時間享受你喜歡的事物，應該會有一種解放、放鬆的感覺。這些正面的感覺，會促使你繼續設下界線，減少會讓你分心，會啃噬你的時間的事情。

我在這本書的開頭寫道：「**我一發現說『不』就能徹底自由，我的人生在很多方面大有斬獲，樣樣都比先前充實。我們只活一次，我們能控制最重要的東西就是時間：如何分配、分配到哪裡、分配給誰。關鍵在於按照你真正的意願利用時間，而不是只顧著按照別人的意思安排自己的時間。**」每天都要實踐這段話的精神。若你有時候需要一點指引，不妨唸唸下面的句子，在正確的道路上繼續前進：

- 我拒絕別人，也不會感到內疚。
- 我不會迫於壓力，去做我覺得不對勁的事情。
- 我會細細傾聽我的直覺。
- 我若拿不定主意，就會向對方說：「我再答覆你。」
- 我決策的關鍵，是「做這件事會不會感到愉快？」
- 我會將我愛的人放在第一位，為此不惜向其他人說「不」。

- 我幫助他人，不會是出於內疚，也不會是受人操縱，而是因為有愛，知道我能有所貢獻。
- 我知道在我的工作場合，我現在懂得運用方法，即使沒有明言說「不」，也能避免自己被工作壓垮。
- 我不會像個無頭蒼蠅，而是會過著有目標的生活。
- 我會以我的健康為重。我的身體是帶領我走向目的地的交通工具。
- 我會盡全力，讓我在與世長辭之際，心中沒有遺憾。屆時的我將會平靜而坦然，知道我已竭盡全力，毫無保留，也盡力實現我的夢想。
- 我不見得每次都能完全控制情況，但我能完全控制我的反應與回應。
- 成功的人除了自己最重要的目標之外，其他的東西幾乎一概拒絕。我也是成功的人。
- 我會抽出時間經營我的「愛好計畫」，才能投入最大的努力。
- 我現在有方法可以拒絕恐懼、擔憂、拖延、完美主義，以及其他阻礙我發揮潛能的負面情緒。

- 我的適應力很強，我有恢復力，我很幸運。

我們現在學會了更常說不的技巧，但每個人要運用的領域不同。例如我必須更謹慎選擇寫作與演說的機會，也就是必須更常拒絕。別人需要更常拒絕的，可能是家裡的事情，或者是不要在職場自願承擔太多責任。

仔細想想你在哪些領域承擔太多，或是心裡明白必須減少投入的時間。找出三、四個你想改變的領域，想想你該如何改變。把每個目標寫下來，一張小卡片寫一個。再給自己設定踏出改變的第一步的時限，把目標日期寫在小卡片的最上方。我覺得這種簡單的作法，就是找到明確的目標，再連同完成期限寫在小卡片上，確實有助於達成想要的目標。要把小卡片放在你每天都能看到的地方，就能敦促自己繼續努力。也許你的某一張小卡片會寫著「我要跟老闆商量減輕我的工作量，因為我覺得不堪負荷。」也許另一張卡片會寫著「我要跟朋友談談減少一些志工工作，因為我需要留點時間給自己。」在小卡片的最上方寫下日期，就能促使你開始解決問題，避免拖延。要記得，你要處理這些棘手的問題，才能以你的健康為優先，也才會有更多時間與精力，追求真正重要的人生目標。這對你以及你身邊的人都有好處。

有位朋友曾對我說：「重點是你把眼光放在哪裡。」她的意思是，一個人若是想清楚要如何度過人生，選定人生的目標，那就絕對會實現。但你的眼光若是放在瑣碎、負面，或是微小的志向，那你的未來也將是如此。而你的眼光若是放在美好、勇敢、善良，以及有意義的影響，你的人生之路就很有可能愉悅且有成。

願你擁有平衡的人生，玩耍、有意義的工作、家庭時間、健康生活的比例分配得宜。只要簡單的一個字，你就能擁有自由。記得要善用，也要常用這個字。

中英名詞對照表

人物

三至十畫

凡妮莎・博恩斯 Vanessa Bohns
巴比・甘迺迪 Bobby Kennedy
戈登・弗萊特 Gordon Flett
以賽亞・湯瑪斯 Isiah Thomas
卡蘿・湯梅 Carol Tome
卡蘿・德威克 Carol Dweck
史考提・皮朋 Scottie Pippen
史提夫・賈伯斯 Steve Jobs
布朗妮・威爾 Bronnie Ware
瓦西里・阿爾希波夫 Vasily Arkhipov
安琪拉・達克沃斯 Angela Duckworth
艾瑞克・布萊爾 Erik Blair
西蒙・拜爾斯 Simone Biles
伯尼・韋伯 Bernie Webber
克勞蒂亞・繆勒 Claudia Mueller
亞利安娜・哈芬登 Arianna Huffington
拉爾夫・阿伯內西牧師 Rev. Ralph Abernathy
芮妮・齊薇格 Renée Zellweger
金姆・施奈德曼 Kim Schneiderman
阿嘉塔・波克塞 Agata Boxe
哈麗葉・比徹・斯托 Harriet Beecher Stowe
柯蒂斯・李梅將軍 General Curtis Lemay
約翰・繆爾 John Muir
韋恩・戴爾 Wayne Dyer

埃德加・尼克森　E.D. Nixon

海倫・聶爾寧與史考特・聶爾寧　Helen and Scott Nearing

班傑明・富蘭克林　Benjamin Franklin

馬丁・路德・金恩　Martin Luther King, Jr.

馬克・吐溫　Mark Twain

十一畫以上

張伯倫　Neville Chamberlain

梭羅　Henry David Thoreau

理查・懷斯曼　Richard Wiseman

莉絲・維斯特隆德　Lise Vesterlund

麥可・托吉斯　Michael Tougias

麥可・喬登　Michael Jordan

麥可・費爾普斯　Michael Phelps

凱文・賈奈特　Kevin Garnett

勞勃・麥納馬拉　Robert McNamara

湯瑪斯・布蘭頓　Thomas Blanton

湯瑪斯・吉洛維奇　Thomas Gilovich

琳達・巴布科克　Linda Babcock

華倫・巴菲特　Warren Buffet

塞內卡　Seneca

奧利佛・史東　Oliver Stone

瑞歇爾・亞當斯　Richelle Adams

瑪莉亞・雷卡爾德　Maria Recalde

諾曼・考辛斯　Norman Cousins

賴瑞・大衛　Larry David

薩維茨基　Savitsky

羅傑・布勒　Roger Buehler

蘿莉・魏因加特　Laurie Weingart

蘿莎・帕克斯　Rosa Parks

書籍和媒體

《人生如戲》　*Curb Your Enthusiasm*

《午夜快車》　*Midnight Express*

《成功，從聚焦一件事開始》　*The One Thing*

《男性和女性承擔低晉升力任務的差異》　*Gender Differences in Accepting and Receiving Requests for Tasks with Low Promotability*

《和自己說好，生命裡只留下不後悔的選擇》　*The Top Five Regrets of the Dying*

《幸運人生的四大心理學法則：提升直覺、擺脫厄運，最科學的30天運氣大改造》　*The Luck Factor*

《怦然心動的人生整理魔法》　*The Life-Changing Magic of Tidying Up*

《恆毅力：人生成功的究極能力》　*Grit*

《疤面煞星》　Scarface

《美好生活》　*Living the Good Life*

《美國退休人協會雜誌》　*AARP*

《笑退病魔》　*Anatomy of an Illness*

《殺戮戰場》　*Platoon*

《最後十四堂星期二的課》　*Tuesdays with Morrie*

《絕命救援》　*The Finest Hours*

《華爾街》　*Wall Street*

《華爾街日報》 *Wall Street Journal*
《誰殺了甘迺迪》 *JFK*
《薩爾瓦多》 *Salvador*
《藍區廚房》 *The Blue Zone Kitchen: 100 Recipes to Live to 100*
《歡樂單身派對》 *Seinfeld*

其他

天氣頻道 Weather Channel
合眾國際社 United Press
肌肉萎縮性脊髓側索硬化症 Lou Gehrig's disease
伯明罕 Birmingham
波士頓公共圖書館 Boston Public Library
威爾弗德洛里埃大學 Wilfrid Laurier University
美國圖書館協會 American Library Association
匿名戒酒會 Alcoholics Anonymous
國家安全檔案館 National Security Archive
國際勞工組織 International Labor Organization
條紋鱸 striped bass
麻州好書獎 Massachusetts Book Award
新英格蘭愛國者 Patriots
藍區 Blue Zone
嚴格偏誤 harshness bias
蘭道夫號反潛航空母艦 Randolph

別什麼都說「好」

一天只有 24 小時，把時間和精力留給最重要的人和事

作者　麥可・托吉斯（Michael Tougias）
譯者　龐元媛
主編　劉偉嘉
校對　魏秋綢
排版　謝宜欣
封面　賴維明
社長　郭重興
發行人　曾大福
出版　真文化／遠足文化事業股份有限公司
發行　遠足文化事業股份有限公司
地址　231 新北市新店區民權路 108 之 2 號 9 樓
電話　02-22181417
傳真　02-22181009
Email　service@bookrep.com.tw
郵撥帳號　19504465 遠足文化事業股份有限公司
客服專線　0800221029
法律顧問　華陽國際專利商標事務所　蘇文生律師
印刷　成陽印刷股份有限公司
初版　2023年5月
定價　380元
ISBN　978-626-96958-8-1

歡迎團體訂購，另有優惠，請洽業務部 (02)2218-1417 分機 1124

國家圖書館出版品預行編目 (CIP) 資料

別什麼都說「好」：一天只有 24 小時，把時間和精力留給最重要的人和事／麥可・托吉斯（Michael Tougias）著；龐元媛譯 .-- 初版 .-- 新北市：真文化，遠足文化事業股份有限公司，2023.05
面；公分 --（認真生活：15）
譯自：No will set you free: Learn to say no, set boundaries, stop people pleasing, and live a fuller life
ISBN 978-626-96958-8-1（平裝）
1. CST: 自我實現 2. CST: 自我肯定 3. CST: 成功法
177.2　　112004583